D1143226

DL 8130758 6

MODELS

—

DESIGNKULTUR IN DEUTSCHLAND

—

DESIGN CULTURE IN GERMANY

BOSCH
BURKHARDT LEITNER CONSTRUCTIV
DAIMLER
DURAVIT
FESTO
HANSGROHE
INTERSTUHL
WALTER KNOLL
STEULER FLIESEN
STIHL
WILDE+SPIETH

—

VOLUME 1

Autorin / Author: Andrea Scholtz

—

Herausgegeben von / Issued by:
Design Center Stuttgart
Deutscher Werkbund Baden-Württemberg

avedition

Impressum / Imprint

Herausgegeben von / Issued by:
Design Center Stuttgart
Deutscher Werkbund Baden-Württemberg

Redaktion / Editorial supervision:
Andrea Scholtz M.A.
Büro wortgewandt, Stuttgart
Petra Kiedaisch, Ludwigsburg

Übersetzung / Translation:
Bruce Stout, Grafenau

Grafikdesign / Graphic design:
stapelberg&fritz, Stuttgart

Lithografie / Lithography:
ctrl-s prepress GmbH, Stuttgart

Druck / Printing:
Leibfarth & Schwarz
GmbH & Co. KG, Dettingen/Erms

Papier / Paper:
Munken Print White

Produktion / Production:
Meike Pätzold, Stuttgart

Verlag und Vertrieb /
Publishing and Distribution:
avedition GmbH
Königsallee 57
D-71638 Ludwigsburg
T +49 71 41 / 1 47 73 91
kontakt@avedition.de
www.avedition.de

ISBN 978-3-89986-106-8
Printed in Germany

Bibliografische Information
der Deutschen
Nationalbibliothek:
Die Deutsche Nationalbibliothek
verzeichnet diese Publikation
in der Deutschen Nationalbibliografie; detaillierte bibliografische Daten sind im Internet über
http://dnb.ddb.de abrufbar.

Bibliographic information
published by the Deutsche
Nationalbibliothek:
The Deutsche Nationalbibliothek
lists this publication in the
Deutsche Nationalbibliografie;
detailed bibliographic data
is available in the Internet at
http://dnb.ddb.de.

Inhalt / Contents

4 Models

— Designkultur in Deutschland
Ein Gespräch mit...

— Design Culture in Germany
Forum Discussion between...

10 Bosch

Geburtsstunden
— Vom Kühlen, Schrauben und Bohren

Cooling, fastening and drilling
— The early days

18 Burkhardt Leitner constructiv

Auf Biegen und Brechen
— Zu einer neuen Dimension temporärer Architektur

Taking it to the limit
— New dimensions in temporary architecture

24 Daimler

»O Lord won't you buy me a Mercedes-Benz...«
— Auto-Gestaltern über die Schulter geschaut

»O Lord won't you buy me a Mercedes-Benz...«
— Looking over the shoulder at what car designers are doing

32 Duravit

Von charismatischen Ideengebern
— Autorendesign: erst innovativ, dann Klassiker

From charismatic innovators
— Signature design: radical at first, then a classic

38 Festo

Airics Arm
— Mit ganzheitlicher Kommunikation zu einheitlicher Markenpositionierung

Airics Arm
— Using holistic communication for consistent brand positioning

44 Hansgrohe

Brausendes Glück
— Von Strahlarten und Duschtypen: Wasser gestalten

A fountain of pleasure
— A story of types of jets and showering habits: design using water

50 Interstuhl

Wie sitzen?
— Von der Dorfschmiede zur Stuhlschmiede

How to sit?
— From village blacksmith to chair foundry

56 Walter Knoll

Beziehungen gestalten
— Von Unternehmerfamilien, Produktfamilien und anderen Partnerschaften

Designing relationships
— Entrepreneurial families, product families and other partnerships

62 Steuler Fliesen

Die Ketten der Massai
— Geflieste Wohlfühlwelten

The chains of the Massai
— The feel-good factor of tiles

68 Stihl

Alle Männer lieben Contra
— Leichter arbeiten im Wald

All men love Contra
— Easy work in the forest

74 Wilde+Spieth

»Kinderchen könnt ihr eigentlich auch Stühle bauen?«
— Ein Unternehmen am Wendepunkt

»Hey kids, can you make chairs?«
— A company at the turning point

80 Bildnachweis
Picture credits

BOSCH
Technik fürs Leben

BURKHARDT LEITNER constructiv

DAIMLER

DURAVIT

FESTO

hansgrohe

interstuhl

WALTER KNOLL

steuler|design

STIHL

WILDE+SPIETH

MODELS

—

DESIGNKULTUR IN DEUTSCHLAND EIN GESPRÄCH MIT...

—

DESIGN CULTURE IN GERMANY FORUM DISCUSSION BETWEEN...

Forum Discussion between:
Sabine Lenk, Head of the Design Center Stuttgart
Prof. Klaus Lehmann, former Chairman of the Deutsche Werkbund Baden-Württemberg
Dr. Wolfgang Berger, Project Manager, Design Center Stuttgart

Professor Lehmann, what kind of project is this which the Werkbund has started?

Klaus Lehmann: »The Werkbund wanted to do something that put the spotlight on a major factor in the industrial culture of Southwest Germany, something that has contributed to it being so strong but that is often overlooked. There are numerous product-oriented exhibitions, but most of them only scratch the surface. Industrial culture goes much deeper. We wanted to bring this to the fore and make it visible to a wider public. The project consists of an exhibition under the title, ›Design counts‹ and the book, ›Models‹ which complements the exhibition.«

Ms. Lenk, why is the Design Center involved here and what is its contribution?

Sabine Lenk: »Simply because the Design Center Stuttgart offers the perfect space for a joint event with the Deutsche Werkbund, because it is so neutral. This means that the companies in the exhibition are not given the chance to merely advertise themselves. Rather, we have created a platform for reporting on classic examples of the interaction between corporate culture and design. What we are interested in is the story behind the companies and the products. We want to give the visitors to the exhibition and the readers of the book a new angle on the companies involved in the project.«

Ein Gespräch mit:
Sabine Lenk, Leiterin des Design Center Stuttgart
Prof. Klaus Lehmann, ehem. Vorsitzender des Deutschen Werkbund Baden-Württemberg
Dr. Wolfgang Berger, Projektleiter, Design Center Stuttgart

Herr Professor Lehmann, was ist das für ein Projekt, das der Werkbund angestoßen hat?

Klaus Lehmann: »Der Werkbund wollte etwas von der Industriekultur im Südwesten zeigen, die viel dazu beigetragen hat, dass wir auch wirtschaftlich stark sind, die aber viel zu wenig sichtbar wird. Es gibt zwar sehr viele produktorientierte Ausstellungen, die bleiben aber meist nur an der Oberfläche. Die Industriekultur geht aber viel tiefer. Wir wollten sie als solche hervorheben und auch einem größeren Publikum nahe bringen. Das Projekt besteht aus einer Ausstellung unter dem Titel ›Design zählt‹ und dem Buch ›Models‹, das eine Ergänzung zur Ausstellung ist.«

Frau Lenk, warum und wie engagiert sich hier das Design Center?

Sabine Lenk: »Das Design Center Stuttgart bietet für eine Kooperationsveranstaltung mit dem Deutschen Werkbund einfach den optimalen, weil neutralen Rahmen. Das bedeutet, dass es zu keiner werblichen Darstellung der ausstellenden Unternehmen kommt, sondern dass wir hier eine Plattform schaffen, wo beispielgebend über Unternehmenskultur in Verbindung mit herausragendem Design berichtet werden kann. Was uns interessiert, das ist die Story, die hinter den Unternehmen und den Produkten steht, um damit sowohl dem Besucher der Ausstellung, als auch dem Leser des Buches andere Sichtweisen auf die Unternehmen zu eröffnen.«

Does the Southwest have a special position here?

Sabine Lenk: »Design always adds something to the quality of life and we have excellent examples of companies here in the Southwest that have long endeavored to set the standard in their field, be it consumer goods, investment goods or automotive design, and raise the quality of life.«

Klaus Lehmann: »People don't realize the numbers of designers that are active behind the scenes of industrial culture. In the Southwest we have a huge pool of them. It is not just designers. It is an entire infrastructure of typographers, bookbinders, publishers, photographers, design studios. Making this public in connection with the corporate culture. That is our aim.«

Sabine Lenk: »Don't forget the highly-specialized suppliers who deliver such high quality. Without them it wouldn't be possible to design the products that are so visibly successful.«

The Exhibition is entitled ›Design counts‹. Dr. Berger, why have you chosen this title?

Wolfgang Berger: ›Design counts‹ represents what we have just discussed. Design is the key. Design counts. Design plays a critical role in corporate culture. It also suggests that design pays off. But design also ›recounts‹ a story. There is an interesting narrative behind it. It soon became clear that the exhibition on its own would not do this justice. A book was needed too.«

Not a catalog to the exhibition?

Wolfgang Berger: »No, preferably a book in which a lot more of this narrative comes to the

Hat der Südwesten hier eine besondere Stellung?

Sabine Lenk: »Design bedeutet immer ein Stück Lebensqualität, und wir haben besonders im Südwesten ganz hervorragende Unternehmen, die sich seit langem darum bemühen, in den Bereichen der Konsumgüter, der Investitionsgüter, des Automotive Design beispielgebend zu sein und damit eben dieses Mehr an Lebensqualität bei den Nutzern zu bewirken.«

Klaus Lehmann: »Man weiß gar nicht, dass hinter dieser Industriekultur ein ganzes Potenzial an praktischen Gestaltern steht, und diese sind gerade im Südwesten ungeheuer dicht gesät. Es sind also nicht nur die Designer, sondern es ist eine ganze Infrastruktur: Typographen, Buchmacher und Verlage, Photographen und Designbüros. Das an die Öffentlichkeit zu bringen im Zusammenhang mit der Firmenkultur, ist eines unserer Anliegen.«

Sabine Lenk: »Ich denke aber auch an die hochspezialisierten Zulieferer mit sehr hohem Qualitätsniveau, die es überhaupt erst ermöglichen, dass wir die Produkte so, wie sie dann gestaltet sind, auch wirklich erzeugen können.«

Die Ausstellung heißt ›Design zählt‹. Warum haben Sie diesen Titel gewählt, Herr Dr. Berger?

Wolfgang Berger: »Der Titel ›Design zählt‹ bildet das, was gerade gesagt wurde, gut ab. Auf Design kommt es an – es zählt. Denn es spielt eine große Rolle in der Unternehmenskultur. Dabei klingt an: Design zahlt sich aus. Aber es erzählt auch. Dahinter liegen interessante Geschichten. So war bald klar, dass es nicht allein eine Ausstellung sein konnte, sondern dass dazu ein Buch erscheinen sollte.«

fore than is possible in an exhibition. A book is not as closely tied to the exhibition as a catalog. We also made a conscious decision to use two different titles.«

What kinds of companies are presenting themselves here?

Klaus Lehmann: »In our eyes, all those companies presenting themselves here for the first time are shining examples of what me mean. This is also the idea behind the title of the book ›Models‹. The word suggests both an ideal and a role model.«

How did the companies react when you approached them for this new project, one that is so different to the usual design exhibitions and design books we are so familiar with?

Wolfgang Berger: »When we won them as partners, they naturally had a few questions but they jumped at the chance we were offering to do things differently for a change. They sensed that they were being given the opportunity to present themselves in a totally different context compared to other design exhibitions. Sure, the road is sometimes rocky for the companies too.«

Klaus Lehmann: »We did a lot of ground work to explain the concept to the companies. In other countries many companies have a seamless history. They are proud of this and present it proudly. This is not so strong in Germany, unfortunately. Possibly the exhibition and the book will generate greater awareness and more confidence within the companies and help them stand taller.«

Kein Ausstellungskatalog?

Wolfgang Berger: »Nein, sondern ein Buch, in dem das Erzählerische viel intensiver zum Zug kommen kann als in einer Ausstellung. Das Buch ist deshalb nicht so eng an die Ausstellung gekoppelt wie ein Katalog. Wir haben auch bewusst zwei unterschiedliche Titel gewählt.«

Was sind das für Unternehmen, die präsentiert werden?

Klaus Lehmann: »Alle Unternehmen, die jetzt zum ersten Mal gezeigt werden, haben in unseren Augen einen Vorbildcharakter. Daher kommt auch der Titel des Buches ›Models‹. Wir können ihn englisch aussprechen, wir können aber auch sagen ›Modelle‹, also Modelle im Sinne von Vorbildern.«

Wie reagierten die angesprochenen Unternehmen auf dieses neue Projekt, das doch so ganz anders ist als die Designausstellungen und Designbücher, die man sonst so kennt?

Wolfgang Berger: »Als wir die Partner gewonnen haben, hatten sie natürlich Fragen, aber sie sind auf unseren Ansatz, es einmal anders zu machen, angesprungen. Sie haben gespürt, dass das eine Chance sein kann, sich selbst in einem anderen Zusammenhang als in den üblichen Designausstellungen darzustellen. Klar, dass der Weg dorthin nicht immer leicht ist, für die Firmen wie für uns selber.«

Klaus Lehmann: »Wir haben viel Aufklärungsarbeit geleistet. In anderen Ländern haben viele Unternehmen eine lückenlose Firmengeschichte, sind stolz darauf und stellen sie aus. Bei uns ist das leider nicht so ausgeprägt. Möglicherweise werden diese Ausstellung und das Buch auch dazu dienen, in den Unternehmen mehr Selbstbewusstsein und Profil zu erzeugen.«

Is this a one-off show or are you planning to repeat it in future?

Sabine Lenk: »In future, we want to act as a shop window for this project, either with an exhibition or an accompanying book. We think that there is still a great deal of potential here in the Southwest that could be brought into the public domain. This concerns both small and even tiny companies right up to large conglomerates. We have already made notes on these companies for a continuation of this series in future.«

In the field of product design again?

Sabine Lenk: »Product design too, but in future we don't want to focus solely on product design. We are thinking of other design-related disciplines such as architecture or engineering. Certainly, graphic design and visual communication could also be included in the concept in future.«

The discussion was chaired by Andrea Scholtz, freelance design journalist and author in Stuttgart.

Ist das eine einmalige Sache oder ist eine Fortsetzung geplant?

Sabine Lenk: »Wir wollen auch künftig als Schaufenster für dieses Projekt fungieren, sei es nun über die Ausstellung oder auch die begleitende Publikation. Wir denken, dass hier im Südwesten natürlich noch sehr viel Potenzial da ist, das in die Öffentlichkeit gebracht werden sollte. Das betrifft Klein- und Kleinstunternehmen genauso wie Großunternehmen, von denen wir schon jetzt Vormerkungen für eine Fortsetzung dieser Reihe haben.«

Wieder aus dem Bereich Produktdesign?

Sabine Lenk: »Auch, aber wir wollen in Zukunft nicht nur an das Produktdesign denken, sondern haben auch andere designnahe Disziplinen wie zum Beispiel Architektur oder Engineering im Auge. Grafikdesign und Visuelle Kommunikation könnten künftig durchaus ebenfalls vertreten sein.«

Das Gespräch führte und moderierte Andrea Scholtz, freie Designjournalistin und Autorin in Stuttgart.

BOSCH
BURKHARDT LEITNER
CONSTRUCTIV
DAIMLER
DURAVIT
FESTO
HANSGROHE
INTERSTUHL
WALTER KNOLL
STEULER FLIESEN
STIHL
WILDE+SPIETH

»Immer soll nach Verbesserung des bestehenden Zustandes gestrebt werden, keiner soll mit dem Erreichten sich zufrieden geben, sondern stets danach trachten, seine Sache noch besser zu machen.«

—

»We should all strive to improve on the status quo: none of us should ever be satisfied with what they have achieved, but should always endeavor to get better.«

Robert Bosch

1

COOLING, FASTENING AND DRILLING

—

THE EARLY DAYS

Drumming up support at the fair

Visitors to the 1933 Leipzig spring fair were given a surprise: a strange drum-like container with a door on one side standing in the middle of the hall. The »drum« was the first ever household appliance manufactured by Bosch: an electrically operated refrigerator for private households boasting an unusual form, 60 litres capacity, solid technology and an attractive price.

Electrical refrigerators were nothing new on the market. However, prices were so high that, apart from breweries, abattoirs, dairy factories and restaurants, only the very rich could afford them. The cold wave only started to sweep the market with the first electrical refrigerator from Bosch. Thanks to its form, it could be manufactured cheaper than the alternatives and this made it affordable for private homes. Nevertheless, at 350 Reichsmark, or the equivalent of three monthly salaries for a normal Bosch worker, the relatively cheap refrigerator was still far too expensive for most.

363 drum refrigerators left Bosch's Stuttgart factory in 1933, constituting the birth of its ›home appliances‹ division. For a long time, the only division at Robert Bosch, founded in 1886 as a workshop for precision mechanics and electrical engineering, was automotive technology. But, when a crisis hit the European automobile industry in 1925 and 1926, Robert Bosch began to reduce its dependence on the industry by expanding into other fields, buying up companies such as the radio manufacturer, Ideal (later to become Blaupunkt), the gas appliance manufacturer, Hugo Junkers, or the cinema projector manufacturer, Bauer.

Although the European market for electrical refrigerators only dates back to the 1930s,

GEBURTSSTUNDEN

—

VOM KÜHLEN, SCHRAUBEN UND BOHREN

Trommeln auf der Messe

Auf der Leipziger Frühjahrsmesse 1933 gibt es eine Überraschung: eine liegende Trommel mit Tür zieht die Blicke der Fachwelt und Verbraucher an. Bosch stellt das erste Hausgerät aus eigener Produktion vor: einen elektrisch betriebenen Kühlschrank für Privathaushalte in einer ungewöhnlichen Form, mit 60 Liter Nutzinhalt, solider Technik und zu einem attraktiven Preis.

Elektrische Kühlschränke sind zwar schon auf dem Markt, jedoch zu astronomischen Preisen und damit nur für wenige Reiche sowie für Brauereien, Schlachthäuser, Molkereien und Gastronomie bezahlbar. Erst mit dem ersten elektrischen Kühlschrank von Bosch nimmt die Kältewelle ihren Lauf. Er kann dank der Trommelform günstiger hergestellt werden und wird damit auch für Haushalte erschwinglich. Dennoch ist der mit 350 Reichsmark – das sind drei Monatsgehälter eines einfachen Bosch-Arbeiters – vergleichsweise preiswerte Kühlschrank für viele Haushalte immer noch zu teuer.

363 Kühlschränke in Trommelform verlassen 1933 das Stuttgarter Bosch-Werk. Das ist für Bosch die Geburtsstunde des Produktbereichs ›Hausgeräte‹. Lange Zeit hat es in dem von Robert Bosch 1886 ursprünglich als ›Werkstätte für Feinmechanik und Elektrotechnik‹ gegründeten Unternehmen nur ein einziges Geschäftsfeld gegeben, die Kraftfahrzeugtechnik. Als 1925 und 1926 eine Krise die Kraftfahrzeugindustrie in Europa erschüttert, beginnt Robert Bosch die Abhängigkeit von dieser Branche zu reduzieren und erweitert sein Unternehmen um weitere Geschäftsfelder, kauft aber auch Firmen auf, wie die Radiofirma Ideal (später Blaupunkt), die Gasgerätesparte von Hugo Junkers oder den Kinoprojektorenhersteller Bauer.

Obwohl der Markt für elektrische Kühlschränke in Europa in den 1930er Jahren erst im Entstehen ist, analysiert

2

3

1 Robert Bosch, 1931.

2 Geburtsstunde des Produktbereichs Hausgeräte: Trommelkühlschrank von 1933.
The birth of the Home Appliances division – the drum-shaped refrigerator from 1933.

3 Mit den Bosch-Kühlschränken im Stromliniendesign kommt der kommerzielle Erfolg. Plakat, 1955.
Aerodynamic design brings commercial success. Poster 1955.

4 2008: Die Kühlgefrierkombination mit farbiger Glasfront spiegelt die Erfahrung aus 75 Jahren Kühltechnik wider.
2008: The glass-fronted fridge-freezer combination incorporates 75 years of refrigeration technology.

Bosch carefully analyzed consumer behavior from the beginning. It found that the prevailing drum model was not universally accepted. In 1936 the drum shape was complemented by a roomier, box-shaped refrigerator, already equipped with a freezer compartment, which quickly became the standard in German homes.

New eating habits

As the temperature of refrigerators sank, particularly in the freezer compartment, the appliance slowly changed the general eating habits of consumers. The daily menu became less and less dependent on seasonal produce and shopping more rational. Mother's frozen produce increasingly replaced mother's preserves as freezing was found to be more versatile and healthier. What's more, it saved time.

Commercial success came with the aerodynamic design of the later models in the 1950s. Modern production methods led to a significant fall in prices and accelerated the widespread use of electrical refrigerators in the home. By the second half of the decade the refrigerator had become standard equipment. In 1956 the Bosch freezer appeared, another appliance making daily life easier. Other milestones were a refrigerator with a scratch-resistant top surface made of Resopal (a high-pressure decorative laminate) in 1959 and a strictly cubic design in 1967 that was intended to replace the aerodynamic designs of refrigerators in the 1950s.

Nowadays the kitchen is once again the meeting point of the modern apartment. Cooking is enjoying unparalleled popularity, as proven by countless cooking shows on TV. Chefs such as Tim Mälzer and Jamie Oliver have become TV

Bosch das Kaufverhalten der Konsumenten genau und findet heraus, dass das runde Modell nicht überall auf Zustimmung stößt. So wird 1936 die ›Trommel‹ durch einen geräumigeren, kastenförmigen Kühlschrank – nun bereits mit einem Gefrierfach – ersetzt, der schnell zum Standard in deutschen Haushalten wird.

Neue Essgewohnheiten

Vor allem, als die Temperaturen in den Tiefkühlbereich sinken, verändert der Kühlschrank auch die Essgewohnheiten. Der Speisezettel wird unabhängiger von der Jahreszeit. Und der Einkauf rationeller. Mutters Eingefrorenes verdrängt mehr und mehr Mutters Eingemachtes, da Einfrieren vielseitiger und gesünder ist und zudem Zeit spart.

Mit den Bosch-Nachfolgegeräten im Stromliniendesign ab 1950 beginnt der kommerzielle Erfolg: Moderne Fertigungsmethoden lassen nun die Preise erheblich sinken und beschleunigen die flächendeckende Ausrüstung der Haushalte mit elektrischen Kühlschränken, so dass in der zweiten Hälfte der 1950er Jahre der Kühlschrank zum Standard wird. Als zusätzliche Erleichterung für den Alltag folgt im Jahr 1956 die erste Bosch Kühltruhe. Weitere Stationen sind 1959 ein Kühlschrank mit einer schnittfesten Arbeitsoberfläche aus Resopal und ab 1967 streng kubische Modelle, die die Geräte im Stromliniendesign ablösen.

Die Küche wird wieder zum Kommunikationszentrum der Wohnung. Kochen ist beliebt wie noch nie. Davon zeugen zahlreiche Koch-TV-Shows. Köche wie Tim Mälzer und Jamie Oliver werden zu TV-Stars. Dabei wird bevorzugt mit gesunden und leichten Lebensmitteln aus dem Bio-Markt gekocht.

Passend zu diesem Zeitgeist entwickelt Bosch Kühl- und Gefriergeräte, die Lebensmittel wertbewusst und schonend

4

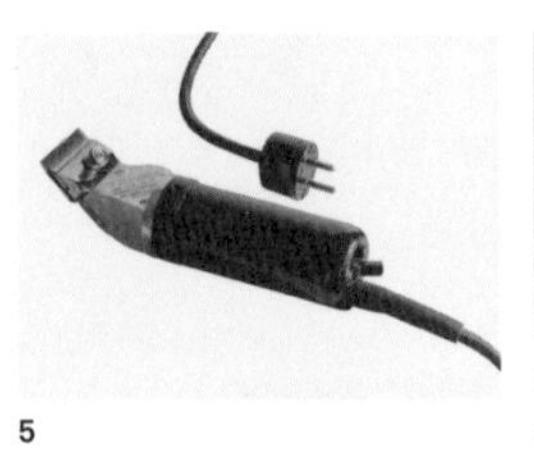

5

6

5 Geburtsstunde des Geschäftsbereichs Elektrowerkzeuge: Die Haarschneidemaschine ›Forfex‹ mit Bosch Elektromotor, 1928.
The birth of the Power Tools division. The ›Forfex‹ hair-cutter powered by Bosch, 1928.

6 Bald ist die ›Forfex‹ in vielen Friseursalons im Einsatz. Ihr Motor im Griff ist Vorbild für Bosch-Elektrowerkzeuge.
The ›Forfex‹ soon became widespread. The placement of the motor in the handle sets the norm.

stars in their own right. The current trend is once again healthy, preferably organic, low-fat foods.

In keeping with the times, Bosch has developed refrigerators and freezers precisely for such foods. It is not just their winning technology and high ecological standards, but also their excellent design which has won them numerous prizes. The power consumption of Bosch refrigerators and freezers has fallen by 78% since 1990. With energy efficiency grades of A+ and A++, they have set the standard for environmentally-friendly home appliances.

In 2008, 75 years after the first Bosch refrigerator, the ›KGN 36 S‹ fridge/freezer combination was launched on the market, reflecting the entire 75 years of experience that Bosch enjoys in refrigeration technology, perfectly manufactured and timeless in design. Colorful appliances in these materials are a perfect match for the trend towards open kitchens and Bosch can offer a fitting appliance for each and every need: refrigerators, freezers, fridge/freezer combinations and wine coolers.

Hand on the motor

Now, a different story. If the company were going to survive the crisis that was sweeping the automobile market in 1926, Robert Bosch knew it had to come up with new products. One day, turning to the head of his design department, he exclaimed, »Mr. Steinhart, we need new products for our production plant!« Hermann Steinhart responded by showing him an electric hair cutter that the inventor, Ernst Eisemann, had just brought in. The hair cutter possessed something unique: a small electric motor in the handle – albeit with inadequate safety features.

behandeln. Sie bestechen nicht nur durch perfekte Technik und hohe ökologische Standards, sondern vor allem auch durch ihr herausragendes Design, das mit zahlreichen Designpreisen ausgezeichnet wird. Seit 1990 hat sich der Energieverbrauch von Bosch Kühlgeräten um 78 Prozent verringert. Mit Energieeffizienzwerten von A+ und A++ setzen sie nachhaltige Maßstäbe für den umweltbewussten Haushalt.

2008 – 75 Jahre nach dem ersten Bosch-Kühlschrank – kommt der Kühl- und Gefrierautomat ›KGN 36 S‹ heraus, der die gesamte Erfahrung aus 75 Jahren Kühltechnik widerspiegelt, perfekt verarbeitet und zeitlos schön gestaltet ist. Farbige Geräte in dieser Materialität passen sich dem Trend der offenen Küchen ausgezeichnet an. Heute bietet Bosch für jeden Bedarf das passende Kühlgerät: Kühlschränke, Gefriertruhen, Kühl-/Gefrierkombinationen bis hin zu Weinlagerschränken.

Motor im Griff

Eine andere Geschichte. Um nach der Krise der Automobilindustrie von 1926 konkurrenzfähig zu bleiben, müssen Neuentwicklungen her. Eines Tages wendet sich Robert Bosch an den Leiter der Konstruktionsabteilung: »Herr Steinhart, wir brauchen noch andere Erzeugnisse für die Fertigung!« Hermann Steinhart zeigt ihm eine elektrische Haarschneidemaschine, die ihm der Tüftler Ernst Eisemann gebracht hat. Die Haarschneidemaschine besitzt etwas ganz Besonderes: einen kleinen Elektromotor im Handgriff – allerdings mit einer ungenügenden elektrischen Sicherung.

Robert Bosch ist mehr Unternehmer als Erfinder. Bei ihm und auch seinen Nachfolgern ist es vor allem das untrügliche Gespür für interessante Erfindungen und erfolgversprechende Ideen, das den Aufstieg des Unternehmens von der kleinen Werkstatt zum Technologiekonzern befördert.

7

8

7 Der erste elektrische Bohrhammer der Welt zum Einsatz für schwere Meißel- und Bohrarbeiten, 1932.

The first powered hammer in the world used for heavy chiseling and drilling work, 1932.

8 Der von Bosch-Ingenieuren entwickelte Handmotor steht Pate für alle heutigen leichten Elektrowerkzeuge des Unternehmens.

The handheld motor developed by Bosch has inspired all the modern light power tools of the company.

Robert Bosch was more of an entrepreneur than an inventor. For both him and his successors it was an infallible instinct for interesting inventions and promising ideas which has driven the company from being a small workshop to becoming a huge technology group.

With the machine still in his hands, Bosch immediately assigned Steinhart with its development. Within a very short space of time a marketable haircutter was developed and launched under the name of ›Forfex‹. Assembly and sales were taken over by the Bosch subsidiary, Eisemann. The motors were supplied by Bosch itself.

But this was just the beginning. The engineers at Bosch took the basic concept of the haircutter to produce a whole range of handheld tools, which were urgently needed to manufacture direct injection diesel fuel pumps, effectively signaling the birth of powered tools.

By putting the motor into the handle, Bosch ventured into a totally new field which would later revolutionize manual work in industry, the trades, and the home. The Bosch handheld motor could be used for all kinds of applications, from drilling and routing to brushing and polishing.

The first power tools appeared in 1930 and were so successful that Bosch marketed the design just two years later as the ›Handmotor‹. This concept is still at the heart of all lightweight Bosch power tools today.

The Bosch Hammer

Parallel to this development the Bosch engineers developed the first electrical hammer in the world, the ›Bosch Hammer‹ weighing in at 9.5 kg for use in heavy chiseling and drilling work. This product, too, came to market in 1932. Further pio-

Als Bosch die Maschine sieht, beauftragt er Steinhart sofort mit der Weiterentwicklung. In kürzester Zeit gelingt es, ein marktgerechtes Haarschneidegerät zu entwickeln, das 1928 unter dem Namen ›Forfex‹ herauskommt. Bau und Vertrieb übernimmt die Bosch-Tochter Eisemann, der Motor kommt von Bosch.

Damit nicht genug. Die Bosch-Ingenieure nutzen nämlich die Basiskonstruktion des Haarschneiders für handliche Elektrowerkzeuge, die in der eigenen Fertigung von Dieseleinspritzpumpen dringend benötigt werden – die Geburtsstunde des Elektrowerkzeuges.

Mit dem ›Motor im Handgriff‹ erschließt sich Bosch ein neues Anwendungsgebiet, das den Menschen die Arbeit in Industrie, Handwerk und im Haus erheblich erleichtern sollte: Der Bosch-Handmotor kann zum Bohren, Fräsen, Bürsten, Schleifen und Polieren eingesetzt werden.

Bereits 1930 sind die ersten Elektrowerkzeuge reif für den Einsatz. Sie bewähren sich so gut, dass Bosch die Konstruktion schon zwei Jahre später als ›Handmotor‹ auf den Markt bringt. Dieser wird die Basis aller heutigen leichten Bosch-Elektrowerkzeuge.

Bosch-Hämmer

Parallel dazu entwickeln Bosch-Ingenieure den ersten elektrischen Bohrhammer der Welt – den ›Bosch-Hammer‹ mit einem Gewicht von 9,5 Kilo – zum Einsatz für schwere Meißel- und Bohrarbeiten auf Baustellen, der ebenfalls 1932 auf den Markt kommt. Weitere Pionierleistungen und Weltneuheiten folgen, wie 1974 ›Dübelblitz‹, der erste 4-Kilo-Hammer, 1977 ›Dübelstar‹, der erste 3-Kilo-Bohrhammer, 1984 ›GBH 24 V‹ der erste Akku-Bohrhammer und 1987 ›PBH 16 RE‹, der erste Bohrhammer mit 1800 Gramm, um nur einige zu nennen.

9 Geräte für den Heimwerker: Der 300 Gramm leichte ›Ixo‹, der weltweit erste Akku-Bohrschrauber mit Lithium-Ionenakku.
Tools for DIY-ers: the 300g ›Ixo‹, the world's first drill with a lithium ion battery pack.

10 Profi-Werkzeug: Akkubohrschrauber ›GSR 14,4 V-LI‹, 210 Schrauben pro Akkuladung.
Professional: the ›GSR 14.4 V-LI‹, 210 screws per charge.

11 Der ›GSR 14,4 V-LI‹ im Einsatz auf der Storebælt-Brücke, Dänemark.
The ›GSR 14.4 V-LI‹ in use on the Storebælt Bridge in Denmark.

9

10

neering work and world-firsts followed, such as the ›Dübelblitz‹ launched in 1974, the first 4 kg hammer, the ›Dübelstar‹ the first 3 kg hammer in 1977, the ›GBH 24 V‹ the first battery-powered hammer in 1984, and the ›PBH 16 RE‹, in 1987, weighing in at just 1800 grams.

In light of the fact that power tools were heavy-weights at first, requiring a lot of physical strength from the user, the designers and engineers constantly sought more compact designs, smaller components and lighter materials to save weight, using Duroplast in 1932 and fiber-reinforced polyamide from 1965 onwards.

Originally offering its power tools for professional uses, in the 1950s the Bosch engineers developed power tools for home use too. One of the most successful products is the ›Ixo‹, launched in 2003, the world's first drill with a lithium ion battery pack. At just 300 grams this tool can be used by even the frailest hand to tighten shelves or work on a bicycle making the ›Ixo‹ the most sold tool in the world.

Nowadays Bosch is one of the largest manufacturers of power tools for professionals and home-owners in the world. And »power tools« and ›home appliances‹ are just two of a total of 14 divisions of Robert Bosch worldwide.

Sind Elektrowerkzeuge und besonders Bohrhämmer zunächst Schwergewichte, die viel Kraft erfordern, arbeiten Formgestalter und Konstrukteure gemeinsam daran, durch kompaktere Bauweise, kleinere Bauteile und leichtere Materialien immer mehr Gewicht einzusparen: vom Pressstoff (Duroplaste) von 1932 bis hin zu glasfaserverstärktem Polyamid ab 1965. Neue Werkstoffe geben auch Impulse für neues Design, die Geräte werden nicht nur tatsächlich, sondern auch optisch leichter.

Bietet Bosch seine Elektro-Werkzeuge zunächst nur für den professionellen Einsatz an, entwickeln die Bosch-Ingenieure ab den 50er Jahren auch Geräte für den Heimwerker. Eines der erfolgreichsten wird 2003 der ›Ixo‹, der weltweit erste Akkuschrauber mit Lithium-Ionenakku. Mit seinen gerade mal 300 Gramm kann selbst die zarteste Hand lose Schrauben am Regal oder am Fahrrad festziehen. So wird ›Ixo‹ zum meist verkauften Werkzeug der Welt.

Heute gehört Bosch zu den weltweit größten Herstellern von Elektrowerkzeugen für Profis und Heimwerker. ›Elektrowerkzeuge‹ und ›Hausgeräte‹ sind nur zwei von insgesamt 14 Geschäftsbereichen der Firma Bosch weltweit.

11

»Kaum aufgebaut, wird der Messestand wieder in kleinste Transporteinheiten zerlegt und geht auf Reisen. Was bleibt, ist der Eindruck, den er seinem Besucher hinterlässt: das Raumerlebnis.«

—

»No sooner than erected, an exhibition is broken down and goes on tour. All that remains is the impression it made on the visitors: the experience.«

Burkhardt Leitner constructiv

TAKING IT TO THE LIMIT
—
NEW DIMENSIONS IN TEMPORARY ARCHITECTURE

Skiing is his passion. Once a year he visits his three thousand meter mountains, taking the Via Mala to the highest village in Europe, a place where all roads end in snow. Up high is nothing but a handful of weathered houses, two restaurants and a souvenir shop. Far removed from the circus of the ski slopes, he does his regular ski tour in the untamed almost Antarctic wilderness. »Up here I have to push my equipment to the limit. They have to take a lot of punishment,« explains Michael Daubner, the manager of Burkhardt Leitner constructiv. And up here he has a brilliant idea.

Different place, different scene: back in Stuttgart a new exhibition system is being developed. It should be stable enough to span the room, but not too bulky or ungainly. You start with a tube and take the smallest diameter of 15mm, build a few prototypes and then test them to the limit only to find »that the system fails too early,« explains Daubner.

And this is where his robust and highly resilient ski poles come into play. The development department takes them apart and discovers they are not normal extruded tubing but have been treated in a special way to ensure they keep their shape. Daubner contacts the manufacturer. In this technology, which few companies command, a 40 mm tube of aluminum zinc alloy is successively pressed down to 20 mm. This changes the molecular structure of the aluminum. As a result it is denser and stronger. »This phenomenon is familiar to physicists. If materials are stressed almost to breaking point they reach their most stable state.« Once again a prototype is produced – a 17m long beam – and this is also tested to the limit with 25 kg buckets of sand. A structural engineer inspects the proceedings. This time it doesn't fail.

AUF BIEGEN UND BRECHEN
—
ZU EINER NEUEN DIMENSION TEMPORÄRER ARCHITEKTUR

Er ist ein leidenschaftlicher Skifahrer. Einmal im Jahr zieht es ihn zu seinen Dreitausendern über die Via Mala in das höchstgelegene Dorf Europas, wo alle Wege im Tiefschnee enden. Dort oben gibt es nichts außer einer Handvoll meist schwarz verwitterter Bauernhäuser, zwei Gasthöfen und einem Souvenirladen. Fernab vom Skirummel unternimmt er hier seine Skitouren in die raue, antarktisch anmutende Schneewildnis. »Hier oben muss ich meine Skistöcke auf Biegen und Brechen einsetzen, die müssen enorm viel aushalten«, erzählt Michael Daubner, der Tourenskifahrer. Da kommt ihm eine geniale Idee.

Anderer Ort, andere Szenerie: Zu Hause in Stuttgart ist man dabei, ein neues Messesystem zu entwickeln. Es soll stabil genug sein, um den Raum zu überspannen aber trotzdem nicht zu voluminös und zu schwerfällig. Man nimmt als Basis ein Rundrohr und fängt mit dem minimalsten Durchmesser von 15 Millimetern an, erstellt Musterbauten und belastet sie auf Biegen und Brechen, um dann festzustellen, »dass das System zu früh kollabiert«, so Michael Daubner, der Geschäftsführer von Burkhardt Leitner constructiv.

Da kommen Daubners hochfeste und elastische Skistöcke ins Spiel. In der Entwicklungsabteilung untersucht man sie und stellt fest, »dass es kein normal extrudiertes Rohr ist, sondern in irgendeiner Form behandelt wurde, damit es stabil wird«, erklärt Michael Daubner. Er macht den Hersteller ausfindig, der die enorm stabilen Aluminiumrohre für die Skistöcke produziert. Bei dieser Technologie, die nicht viele beherrschen, wird ein 40 Millimeter dickes extrudiertes Rohr aus einer Aluminiumzinklegierung in verschiedenen Arbeitsgängen auf 20 Millimeter heruntergepresst. Dadurch verändert sich die molekulare Struktur des Aluminiums, verdichtet sich und wird so stabiler. »In der Physik kennt man dieses Phänomen. Wenn Materialien so gestresst werden, dass sie fast zum Bruch führen,

1 Der Firmengründer Burkhardt Leitner.
The founder of the company, Burkhardt Leitner.

2 Bei einem seiner Skitouren kommt Michael Daubner eine geniale Idee.
A brilliant idea comes to Michael Daubner during a ski tour.

3 Belastungstest eines Musteraufbaus mit 25 Kilo schweren Sandeimern.
Endurance tests with 25 kg buckets of sand.

2

3

Tubing taken from a ski pole, cast stainless steel joints, diagonal bracing and a Latin name – Pon. Ponere means to place, put or lay – and Pon, the new architectural system, is complete: light, extremely stable and strong.

»It is a synergetic system. Each part of the structure is sized so that it only just meets its specs. For example, the load on the tubing is tensile and not compressive. This makes it so thin. The joints are designed to combine the tensile and compressive forces in optimum fashion,« explains Daubner. This distinguishes it from other systems which are based on profiles that can be connected without such joints.

Lord of the Rings

It all began in Stuttgart 1964 as the window decorator and advertising artist Burkhardt Leitner founded his first company, Leitner GmbH, Ausstellungssysteme within just ten days of coming of age. He designed individual window displays and constructed them himself. A little later he took the plunge into system design and developed the first presentation system in 1966, ›Leitner_1‹. This made him famous in exhibition and museum circles. His customers included Bauhaus Archiv Berlin, Bauhaus Dessau, Daimler-Benz, Arzberg, Haus der Wirtschaft Stuttgart and even NASA.

In 1991 the turning point came, both privately and professionally. He left the company and took a break, which was interrupted no sooner than it began, for in this time he thought of using a ring as the connecting element. This idea not only gave him the sobriquet ›Lord of the Rings‹ but also occasioned him to form Burkhardt Leitner constructiv on January 1, 1993. A new

haben sie den stabilsten Zustand«, so Michael Daubner. Abermals wird ein Musteraufbau – mit einem 17 Meter langen Träger – aufgebaut, der wieder auf Biegen und Brechen belastet wird: mit 25 Kilo schweren Sandeimern. Dabei ein Statiker, der überzeugt werden muss. Und – es hält.

Das Rohr eines Teleskopskisteckens, ein Edelstahl-Feinguss-Knoten, Diagonalverbände und ein lateinischer Name – Pon. Ponere heißt auf deutsch setzen, stellen, legen – und das neue Architektursystem Pon ist fertig: leicht, äußerst stabil und tragfähig.

»Es ist ein synergetisches System. Jedes Teil in diesem Aufbau ist so dimensioniert, dass es gerade hält. Zum Beispiel der Stab ist auf Zug nicht auf Druck belastet, deshalb ist er so dünn. Der Knoten ist so ausgeformt, dass er Zug- und Druckkräfte optimal mit einander verbindet«, unterscheidet Michael Daubner seine Systeme von denen anderer, die beispielsweise ausschließlich mit Profilen arbeiten, die ohne Knoten miteinander verbunden werden.

Herr der Ringe

Angefangen hat alles 1964, als der gelernte Schaufensterdekorateur und Werbegestalter Burkhardt Leitner, gerade mal zehn Tage volljährig, seine erste Firma, die Leitner GmbH Ausstellungssysteme, in Stuttgart gründet. Er entwirft individuelle Schaufenstergestaltungen und Displays und baut sie selbst aus. Etwas später macht er den Schritt zum Systemdesign und entwickelt 1966 das erste Präsentationssystem: ›Leitner_1‹. Bald macht er sich im Messe- und Museumsbau einen Namen. Seine Kunden: Bauhaus Archiv Berlin, Bauhaus Dessau, Daimler-Benz, Arzberg, Haus der Wirtschaft Stuttgart bis hin zur Nasa.

1991 der Wendepunkt: privat und beruflich. Er scheidet aus dem Unternehmen aus und legt eine Pause ein, die aber doch

4 Vielseitig einsetzbar: Die ›Jurte‹ des Messesystems ›constructiv Pon‹.
Versatile: the ›yurt‹ of the ›Pon‹ exhibition system.

4

beginning. Just three months later he presented his novel systems at the Hanover trade fair with production beginning in June.

›Joker‹ is the smallest and the lightest family. It is compact and easy to transport. At hotel congresses and temporary POS campaigns the system is simply taken out of the case and erected quickly and effortlessly. The larger systems, ›Primus‹ and ›Max‹, also use a ring as the binding element. Parallel to the ring solution, Leitner also developed ›Pila‹, the strongest family, using a cross-shaped connector.

In 2001 he passed management over to his long-serving associate, Michael Daubner.

Liberation from the (right) angle

In the meantime, the orthogonal system, ›Pon‹ developed in totally new dimensions. The three variations are distinctive because they mark a complete departure from the usual design principle of the right angle. The result: slanted spaces, facades free of angles and broken geometries.

›Pon 7.5‹ makes a departure from the right angle. Its vertical arrangement at an angle of 7.5° creates a skewed space and leaning facades. The basic connector used in ›Pon Flex‹ allows completely smooth facades with unusual broken geometries. Thanks to the high elasticity of the ›Pon Sino‹ and its ability to return to shape, the high-tech tubing can be put under enough tension to create totally amorphous shapes.

And this was just the beginning: an exhibition system that moved and appeared to breathe was next. This was created in cooperation with Festo, the most innovative player in industrial and process automation worldwide. Festo's bionic muscle, a radically new kind of pneumatic drive,

keine wirkliche ist, denn in dieser Zeit kommt ihm die Idee, einen Ring als Verbindungselement zu verwenden. Diese Idee bringt ihm nicht nur den Beinamen ›Herr der Ringe‹, sondern veranlasst ihn auch dazu, am 1. Januar 1993 die Burkhardt Leitner constructiv zu gründen – der Neubeginn. Bereits drei Monate später präsentiert er auf der Hannover-Messe aktuelle Systeme, die schon im Juni serienreif sind.

›Joker‹ heißt das kleinste und leichteste: kompakt und einfach zu transportieren. Bei Hotelveranstaltungen oder für kurzzeitige Aktionen am Point of Sale zum Beispiel wird der ›Joker‹ einfach aus dem Koffer gezogen und als Präsentationswand schnell und leicht aufgebaut. Einen Ring als Verbindungselement haben auch seine größeren Systeme ›Primus‹ und ›Max‹. Daneben entwickelt er das stärkste: ›Pila‹ – mit einem kreuzförmigen Verbindungselement.

2001 übergibt er die Geschäftsführung an seinen langjährigen Mitarbeiter Michael Daubner.

Befreiung vom (rechten) Winkel

Mittlerweile ist das orthogonale System ›Pon‹ zu ganz neuen Dimensionen weiterentwickelt worden. Die drei Varianten verlassen komplett das gewohnte Konstruktionsprinzip des rechten Winkels und fallen aus dem Lot. Das Ergebnis: kippende Räume, winkelfreie Fassaden und gebrochene Geometrien.

Das ›Pon 7.5‹ verabschiedet sich vom rechten Winkel. Seine vertikale Verbauung im 7,5°-Winkel erzeugt kippende Räume mit geneigten Fassaden. Beim ›Pon Flex‹ erlaubt der Grundknoten mit FlexMount-Ansatzstücken völlig winkelfreie Fassaden mit ungewöhnlich gebrochenen Geometrien. Dank der hohen Elastizität und extremen Rückstellkraft lassen sich bei ›Pon Sino‹ schließlich die High-Tech-Rohre unter Spannung zu völlig amorphen Freiformen biegen.

5

6

5 Vierteljährlich erscheint ein Freistempelmotiv eines beauftragten Künstlers.
A stamp is commissioned from an artist every three months.

6 Es hält. Teammitglieder testen ›constructiv Pon‹.
It works. Members of the team test ›constructiv Pon‹.

7 Messestand auf der EuroShop 2008: neue Dimension temporärer Architektur.
Exhibition stand at EuroShop 2008: new dimensions in temporary architecture.

8 Abschied vom rechten Winkel: ›constructiv Pon 7.5‹, ›Pon Sino‹ und ›Pon Flex‹.
Liberation from the right angle: ›constructiv Pon 7.5‹, ›Pon Sino‹ and ›Pon Flex‹.

gets the tilting façade moving, making the bielastic skin sink up and down rhythmically in flowing breath-like movements.

Nowadays Burkhardt Leitner constructiv develops modular systems for temporary architectural structures used at trade fairs, displays, offices and public spaces, museums and exhibitions. They are noted for their individual design potential and high degree of functionality, based on logical and self-explanatory design principles. »It is not only our design approach that is constructive but the way we work together as a team,« explains Daubner, for it is the team of engineers, designers, technical draftsmen, interior designers, and architects which plays such a decisive role in the success of the company. Here, art is integrated in daily life. Numerous artworks, from Anton Stankowski or Max Bill to Rebecca Horn enliven the spaces and inspire the people in them. Every quarter, artists are commissioned to redesign the company's stamp, combining art with daily objects.

Today, Burkhardt Leitner construtiv is the leading manufacturer of modular architecture systems, a winner of numerous design prizes and now stands for innovative system developments. Who knows, Michael Daubner ...or someone else in the team... might come back with another idea from the next skiing trip.

Und dem nicht genug: ein Messesystem, das sich bewegt und zu atmen scheint. Entstanden in Kooperation mit Festo, dem Innovationsführer weltweit in der Industrie- und Prozessautomatisierung. Festos bionischer Muskel – ein völlig neuartiger pneumatischer Antrieb – bringt die kippende Fassade in eine fließend-elastische Bewegung, so dass sich die bielastische Stoffhaut wie ein atmender Körper rhythmisch bewegt.

Burkhardt Leitner constructiv entwickelt heute modulare Architektursysteme für temporäre Bauten in den Bereichen Messe und Display, Office und öffentlicher Raum, Museum und Ausstellung. Sie zeichnen sich durch individuelle Gestaltungsmöglichkeiten und hohe Funktionalität aus, die auf logischen und selbsterklärenden Konstruktionsprinzipien basiert. »Konstruktiv ist nicht nur unser gestalterischer Ansatz, sondern auch die Arbeitsweise im Team«, erklärt Michael Daubner, denn eine ganz grundlegende Rolle für den Erfolg spielt hier das Team, das aus Maschinenbauingenieuren, Designern, Geisteswissenschaftlern, technischen Zeichnern, Innenarchitekten und Architekten besteht. Hier wird auch Kunst in den Arbeitsalltag miteinbezogen. Zahlreiche Werke – von Anton Stankowski oder Max Bill bis zu Rebecca Horn – beleben Räume und Menschen. Vierteljährlich wechselnde Freistempelmotive von beauftragten Künstlern verbinden Kunst mit Gebrauchskultur.

Burkhardt Leitner constructiv ist heute der führende Hersteller modularer Architektursysteme, die vielfach mit Designpreisen ausgezeichnet sind, und steht für innovative Systementwicklungen. Wer weiß, vielleicht bringt Michael Daubner das nächste Mal wieder etwas von seinen Skitouren mit. Oder ein anderer aus dem Team...

7

8

»Es ist und bleibt die spannende Aufgabe der Designer, Emotionen zu wecken und lebendig zu halten.«

—

»The excitement of the design challenge is to kindle emotions and keep them alight«

1

Mercedes-Benz Design

»O LORD WON'T YOU BUY ME A MERCEDES-BENZ...«

—

AUTO-GESTALTERN ÜBER DIE SCHULTER GESCHAUT

»O LORD WON'T YOU BUY ME A MERCEDES-BENZ...«

—

LOOKING OVER THE SHOULDER AT WHAT CAR DESIGNERS ARE DOING

»As a boy I pushed my father into decorating my go-cart with the Mercedes star.« No surprise, then, that his first car was a Mercedes Benz – an olive green, ›Strichacht‹ 1974 model with no warrant of fitness for 1000 Deutschmarks. Holger Hutzenlaub spent the whole summer underneath his dream car until he finally got it back into condition. And to top it off, he attached the spare wheel on top of the trunk, like a vintage car. The only problem with this being that the police were not at all amused.

This passion for Mercedes has a long tradition in the family. »My great grandfather was with the work's fire brigade. My grandfather was in the vehicle testing and racing car division. And my father, who also spent years in the company, still gets emotional from his memories with his grandfather. A trip with the ›300 SL Gullwing‹, for example. In those days he was still just a boy. He lay on the ›hat tray‹ under the back window, holding on to the small ring normally used for fixing the luggage. Or the honorary tour of the factory which the racing drivers and engineers used to make whenever they won a race,« reminisces Holger Hutzenlaub with a gleam in his eye. So there was no question that the future car designer and automobile engineer would also make a career out of his passion and join the Design Management of Mercedes-Benz Cars. »My job is to look after the overall form of a car during the entire design process. This means accompanying a car throughout its development from the strategy phase with the first theoretical proposals and design drafts through to the last face-lift at the end of its life cycle, i.e. over a period of about eight years.« The job of the design manager is to steer the design process during the implementation phase

»Schon als Junge habe ich meinen Vater bekniet, meinen Gokart mit einem Stern zu verzieren.« Keine Frage, dass sein erstes Auto ein Mercedes-Benz ist, – ein ›Strichacht‹, Baujahr 1974, olivgrün, für 1000 Mark und ohne TÜV. Den ganzen Sommer lag Holger Hutzenlaub unter seinem Traumwagen und hat ihn in Schuss gebracht. Und das Tollste: das Ersatzrad hat er wie bei historischen Fahrzeugen auf dem Kofferraumdeckel verschraubt. Nur der Polizei gefiel das so überhaupt nicht.

Die Leidenschaft für Mercedes hat in seiner Familie Tradition. »Schon mein Urgroßvater war bei der Werksfeuerwehr. Mein Großvater war in der Versuchs- und Rennwagenabteilung. Und mein Vater, der auch viele Jahre in der Firma gearbeitet hat, ist noch heute gerührt, wenn er seine Erlebnisse mit meinem Großvater schildert. Zum Beispiel die Fahrt in einem ›300 SL Flügeltürer‹. Damals war er noch ein Bub. Er lag auf der ›Hutablage‹ unter der Heckscheibe und hielt sich an der kleinen Reling für das Gepäck fest. Oder etwa die Ehrenrunden im Werk, die die damaligen Rennfahrer und Monteure anlässlich von Rennsiegen gefahren sind«, erzählt Holger Hutzenlaub mit leuchtenden Augen. So ist es keine Frage, dass der Automobil-Designer und Ingenieur für Fahrzeugtechnik seine Leidenschaft auch zum Beruf macht und heute im Design Management bei Mercedes-Benz Cars arbeitet. »Ich bin als ›Hüter der Form‹ für den gesamten Designprozess des Fahrzeugs hinweg zuständig. Das bedeutet, ein Fahrzeug während der gesamten Entwicklungszeit zu betreuen und es von der Strategiephase, den ersten theoretischen und skizzenhaften Ausführungen, bis zur letzten Überarbeitung am Ende eine life cycles – und damit über einen Zeitraum von circa acht Jahren – zu begleiten«, schildert er seine Tätigkeit. Die Aufgabe des Designmanagers ist es, den Designprozess zu steuern und im Umsetzungsprozess möglichst die vom Vorstand beschlossene Form einzuhalten.

2

3

1 Aus vielen Strichen entstehen Visionen.
Many lines make a vision.

2 Holgers erste ›heiße‹ Liebe mit Stern und 0,5 PS.
Holger's first ›real‹ love. A Mercedes star and 0.5 hp.

3 Designzeichnung aus der Entwurfsphase der CL-Klasse.
Designer's illustrations from the first design phase of the CL class.

4 Die Powerwall ermöglicht den Designern einen ersten ›Rundumblick‹.
The Powerwall gives the designers the first ›all-round‹ view.

5 Holger Hutzenlaub: Der C 111 fasziniert damals wie heute.
Holger Hutzenlaub: The C 111 has not lost any of its fascination.

and ensure that the design team keeps as close as possible to the form approved by the management board.

The emotional phase at the beginning is vital for sounding out the design potential of a new project and for bringing all the design concepts together in one general direction. This process is absolutely critical because the design of a top car involves not only technical expertise but also emotions: a passion for cars, a fascination for technology, and an enthusiasm for the driving experience.

Visionary concepts and forms are drafted and recorded using pencil and paper but modern designers are turning more and more to electronic drawing boards. Computers have the big advantage that the numerous alternative designs for a new car can be changed virtually at the touch of a button and this allows rapid comparison of the results with the design specifications. And all of this without having to construct a clay model, make a metal mockup, or craft an instrument panel.

Even the very first two-dimensional computer drawings reveal whether the stylistic concept agrees with the dimensions stipulated by the first design specifications. The data of this basic model are saved by the computer as the ›proportion model‹ which serves as a solid reference for the designers at all later stages when tailoring their drafts to the end model. Is the angle of the windscreen right? Is the bonnet high enough to house all engine variants? These questions can be answered with a mouse-click.

Digital rendering

The media engineer, Andreas Fischer, is next in line. The design is harmonized with the underlying technology with the help of the ›Power-

Die emotionale Phase am Anfang ist wichtig, um die gestalterischen Potenziale eines neuen Fahrzeugprojekts auszuloten und die verschiedenen Designideen in die richtigen Bahnen zu lenken. Und sie ist notwendig, denn zweifellos sind bei der Gestaltung von Spitzenautomobilen neben technischem Sachverstand vor allem auch Emotionen gefragt: Leidenschaft fürs Automobil, Faszination für die Technik und Begeisterung für erlebnisorientiertes Autofahren.

Mit Zeichenblock und Farbstift werden Visionen fixiert und neue Formen skizziert, doch immer häufiger greifen die Designer dabei auch zu elektronischem Stift und ›Drawing Board‹. Denn Computer erlauben es, viele Varianten eines neuen Autos zu gestalten, sie mit geringem Aufwand virtuell zu verändern und die Ergebnisse rasch mit den Vorgaben des konzeptionellen Lastenhefts zu vergleichen. Und das, ohne dass ein Modell gebaut, ein Blech gebogen oder eine Instrumententafel geformt wird.

Schon die ersten, zweidimensionalen Computer-Entwürfe lassen erkennen, ob die stilistischen Vorstellungen mit den Vorgaben des bereits früh definierten Maßkonzepts übereinstimmen. Diese Basisdaten sind nämlich als ›Proportionsmodell‹ im elektronischen Gedächtnis des Computers gespeichert und dienen den Designern in jedem Gestaltungsstadium als verlässliche Referenz, um ihre Entwürfe auf die Realität abzustimmen. Stimmt die Neigung der Frontscheibe? Ist die Motorhaube hoch genug, um allen Motorvarianten darunter Platz zu bieten? Der Computer beantwortet das per Mausklick.

Digitale Inszenierung

Dann kommt der Medieningenieur Andreas Fischer zum Zuge. Mit Hilfe der so genannten Powerwall findet der Feinschliff zwischen Design und Technik statt. Auf diese sechs Meter

4

5

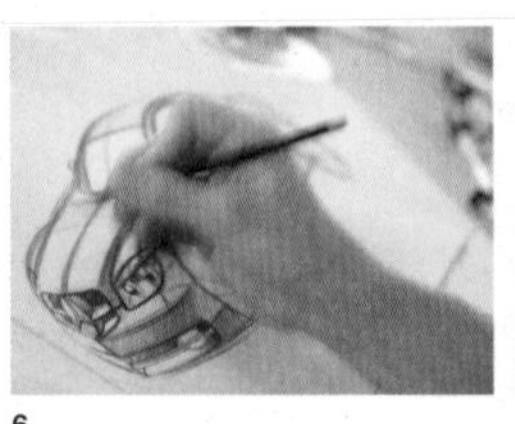

6

7

6 In vielen Skizzen visualisieren Designer ihre Gestaltungsideen.
The designers visualize their ideas in countless drawings.

7 Andreas Fischer bereitet eine Virtual Reality Präsentation vor.
Andreas Fischer prepares a virtual reality presentation.

wall‹, a six meter wide screen on which the drafts are projected by powerful computers. Here, the designers can view and analyze the design from all conceivable angles. »We put the digital design models into various settings and add an emotional context, a story,« says Andreas Fisher, describing his work. »Many unusual perspectives will reveal how successful the design is, right down to the finest detail. For the designers, this is always a very exciting moment. Their ideas materialize before their eyes and they can review important design decisions.«

The interior designers also use the strengths of the Powerwall to harmonize form, color and material with one another. The Powerwall lets them switch an interior trim instantly, giving them a rapid, yet still precise, comparative tool.

Third dimension

Not all decisions are made in the virtual world. Reality remains the best way to convey the emotional aspect of a design.

This is where Heike Fladung comes in. »Together with the designers, we take the dimensions from the design and concept phase and create the first 3D model of the exterior using a scale of 1:4,« explains the model-maker. »This is an ideal size for me as I can work on the whole model on my own and take ownership of it. The idea takes form. In a three dimensional materialization the lines become more harmonious, more lively… there is a lot of gut-feeling involved.«

The model is made of Plastilin, an industrial clay. When warmed, it is soft and has a creamy texture, perfect for applying to the model. Once it has cooled, the surface becomes hard and can be worked with a wide range of different tools.

breite Projektionswand projizieren Hochleistungscomputer die Entwürfe so, dass die Designer sie aus jedem erdenklichen Blickwinkel betrachten und analysieren können. »Wir machen die digitalen Designmodelle in unterschiedlichen Inszenierungen visuell erlebbar, eingebettet in einen emotionalen Kontext – in eine Story«, schildert Andreas Fischer seine Arbeit. »Viele ungewöhnliche Perspektiven geben Aufschluss über gelungene Formübergänge und bis ins Detail gut gemachtes Design. Für die Designer ist das immer ein spannender Moment. Ihre Ideen gewinnen zunehmend an Gestalt und sie können wichtige Designentscheidungen überprüfen.«

Auch die Interieur-Designer nutzen die Möglichkeiten der Powerwall, um Formen, Farben und Materialien abzustimmen. Dabei können sie per Knopfdruck von einer Innenausstattungsvariante zur nächsten wechseln und haben so schnell, aber dennoch präzise Vergleichsmöglichkeiten.

Dritte Dimension

Aber die Entscheidungen werden nicht alleine in der virtuellen Welt getroffen. Denn am besten vermittelt die Realität das wahre emotionale Design-Erlebnis.

Jetzt kommt Heike Fladung ins Spiel. »Wir erarbeiten nach den Vorgaben der Maßkonzeption und der Skizzenphase gemeinsam mit den Designern die ersten dreidimensionalen Exterieurmodelle im Maßstab 1:4«, erklärt die Modelleurin. »Für mich ist das eine ideale Modellgröße, ich kann das Fahrzeug ganzheitlich und eigenverantwortlich bearbeiten. Die Idee nimmt Gestalt an, in der dreidimensionalen Umsetzung werden die Formen harmonischer und lebhafter…viel kommt auch aus dem Bauch heraus.«

Modelliert wird mit Plastilin, einem industriell hergestellten Ton. Erhitzt ist er weich und cremig und lässt sich gut

8 Damals wie heute: Entscheidungsprozess anhand von Entwurfsmodellen.
Some traditions never change: decisions made on the basis of clay models.

9 Tonmodell der Skulptur ›Mercedes‹ für den Fashion Star Award 2008.
Clay model of the ›Mercedes‹ sculpture for the Fashion Star Award 2008.

8

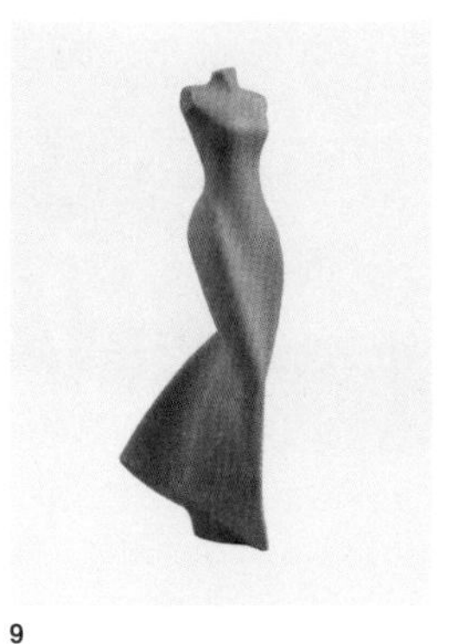

9

The model-maker also looks for modeling challenges outside of her job. For example, she created the sculpture for the Fashion Star Award for Elle magazine. Within just three days of close teamwork we came up with a very emotional figure, ›Mercedes‹.

Once the clay car model is finished, the fenders, headlight transitions and other details can be worked out and given the final touch. The management board and chief designer then take these models to choose the entry-level versions which are then produced in a scale of 1:1. The best one will be the car that finally goes into production.

The ›Sitzkiste‹

The interior trim is in the capable hands of Claus Seitter. He is responsible for developing the first interior designs, known internally as Sitzkisten, where the interaction of materials, colors, and finishing can be seen and experienced for the first time. His domain lies in the tension between the creative designer, on the one hand, and the technical limits and feasibility of the design, on the other, including the parameters of serial production.

»The greatest challenge in my job is to take this tight-rope walk to the limit,« says Claus Sitter, explaining his role. »Finding creative solutions and always exploring new avenues to do the design justice. The more hopeless it seems, the more exciting it is for me. If I ever hear someone say, ›that'll never work‹ then I really get into it. This is where I can use my talents to the full. The tricky things, they're my thing!« Once it all comes to fruition he accompanies the car to serial production, ensuring that the design concept does not get lost during the course of its development.

auftragen. Kühlt der Ton ab, wird die Oberfläche fest und kann mit unterschiedlichen Werkzeugen bearbeitet und geformt werden.

Die Modelleurin sucht auch außerhalb ihrer Arbeit Herausforderungen in ihrem Metier. So hat sie beispielsweise die Skulptur für den Fashion Star Award der Zeitschrift Elle modelliert: Innerhalb von drei Tagen ist dabei in enger Teamarbeit eine sehr emotionale Figur – die ›Mercedes‹ – entstanden.

Wenn das Auto-Tonmodell fertig ist, können Kotflügelrundungen, Scheinwerferübergänge und andere Details überarbeitet werden und ihren letzten Feinschliff erhalten. Aus diesen Modellen wählen Vorstand und Chef-Designer schließlich die Entwürfe aus, die als Einstiegsmodelle im lebensgroßen Format 1:1 hergestellt werden. Das beste davon geht in Serie.

Die Sitzkiste

Um das Fahrzeuginnere kümmert sich der Fahrzeuginnenausstatter Claus Seitter. Hier entstehen die ersten Interieurmodelle, so genannte Sitzkisten, in denen man Materialauswahl, Farbgestaltung und Verarbeitung zum ersten Mal im Zusammenspiel sehen und spüren kann. Er bewegt sich im Spannungsfeld zwischen dem kreativen Designer auf der einen Seite und der Machbarkeit und den Gesetzmäßigkeiten der Serienproduktion auf der anderen Seite.

»Die große Herausforderung und der Reiz meiner Arbeit, besteht für mich darin, diese Gratwanderung auszureizen«, schildert Claus Seitter sein Handwerk, »kreative Lösungsansätze zu finden und immer wieder neue Wege zu gehen, mit dem Ziel dem Designanspruch gerecht zu werden. Je aussichtsloser die Ausgangslage, desto spannender für mich. Hör ich den Satz ›das funktioniert ja nie‹, dann lauf ich erst warm, dann kann ich meine Fähigkeiten voll entfalten.« Er begleitet das Interieur

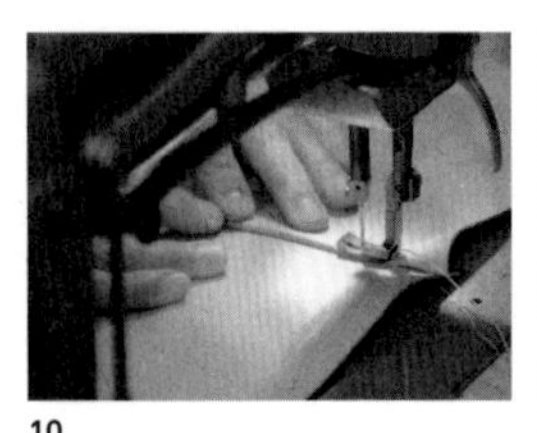

10

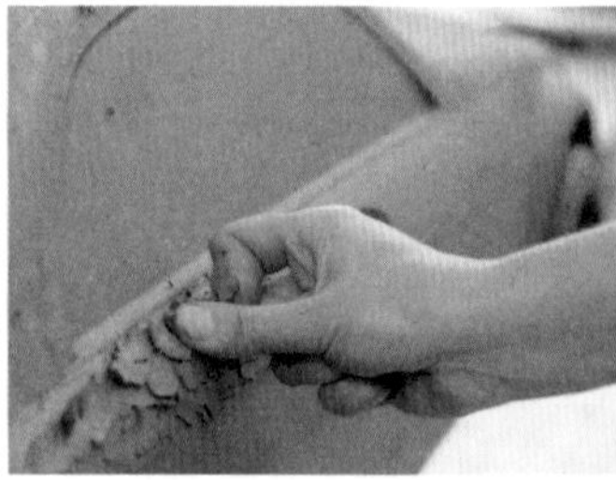

11

10 Mit großer Sorgfalt wird jedes Detail weiterentwickelt.
Each detail is developed with the utmost care.

11 Erneuter Tonauftrag zur Korrektur von Linien und Flächen.
Correcting lines and surfaces on the clay model.

12 Heike Fladung beim Modellieren einer Seitenwand am Entwurfsmodell.
Heike Fladung putting the finishing touches to the sidewall of a new model.

13 Claus Seitter erstellt das erste Ausstattungsmodell.
Claus Seitter prepares the first interior trim.

Mercedes Benz is the most traditional automobile brand in the world and can look back on 120 years of design history. No other brand has put so many dream cars on the road as Mercedes.

Heike Fladung, Holger Hutzenlaub, Andreas Fischer and Claus Seitter are just four of approximately 500 staff from 20 different nations involved in producing such a dream car. The designers work closely with their colleagues in the development and production departments to ensure that new design ideas are also technically feasible.

The design department is based in Sindelfingen. Mercedes Benz also has design studios in Como (Italy), Yokohama (Japan), and Carlsbad (USA). Three continents, three cultures – this guarantees the diversity of design that is needed to spot, years in advance, where trends in automobile design are going and how customer expectations are developing.

Cars still speak to our senses. Nobody is quite able to avoid their emotional impact. The aim of the designer is to give each individual model its own character and at the same time convey an unmistakable formal affiliation to the Mercedes family. Holger Hutzenlaub puts it this way: »Tradition still plays a central role for me. Without having had a good look at the past, you cannot design the future. Internalizing our historic heritage and incorporating this in our current design process – that is one of the basic values of our design philosophy – innovation that respects our tradition.«

bis zur Serienreife, damit die Designidee auf dem langen Entwicklungsweg nicht verloren geht.

Mercedes-Benz ist die traditionsreichste Automobilmarke der Welt und schreibt seit über 120 Jahren Designgeschichte. Keine andere Automarke hat so viele Traumwagen auf die Straße gebracht wie die Marke mit dem Stern.

Heike Fladung, Holger Hutzenlaub, Andreas Fischer und Claus Seitter sind vier von circa 500 Mitarbeiterinnen und Mitarbeiter aus 20 Nationen, die solche Traumwagen in Form bringen. Die Designer arbeiten im Team mit ihren Kollegen in den Entwicklungs- und Fertigungsbereichen, damit neue stilistische Ideen auch technisch realisierbar werden.

Der Hauptsitz des Designbereichs ist Sindelfingen. Darüber hinaus hat Mercedes-Benz in Como (Italien), Yokohama (Japan) und Carlsbad (USA) Designstudios eingerichtet. Drei Kontinente, drei Kulturen – das verspricht stilistische Vielfalt, die notwendig ist, um über Jahre im Voraus zu erkennen, wohin der Trend beim Automobil-Design führt und wie sich die Ansprüche der Kunden entwickeln werden.

Denn ein Automobil wird stets sinnlich wahrgenommen. Seiner emotionalen Wirkung kann sich niemand entziehen. Ziel ist es, jedem einzelnen Automobil einen eigenständigen Charakter und gleichzeitig die unverkennbare Zugehörigkeit zur formalen Identität der Mercedes-Automobilfamilie zu verleihen. So sieht es auch Holger Hutzenlaub: »Die Tradition spielt für mich auch heute noch eine zentrale Rolle. Ohne in die Vergangenheit geschaut zu haben, kann man die Zukunft nicht gestalten. Unser historisches Erbe zu verinnerlichen und in unseren heutigen Gestaltungsprozess einzubringen, ist einer der Grundwerte unserer Designphilosophie – Innovation im Respekt vor der Tradition.«

12

13

»Erfolgreiches Design hebt sich letztlich dadurch hervor, dass es bereits den Nerv einer kommenden Zeit trifft.«

—

»In the end, design is successful because it's on the pulse of a coming age.«

Franz Kook

1

VON CHARISMATISCHEN IDEENGEBERN

—

AUTORENDESIGN: ERST INNOVATIV, DANN KLASSIKER

FROM CHARISMATIC INNOVATORS

—

SIGNATURE DESIGN: RADICAL AT FIRST, THEN A CLASSIC

Franz Kook's shoes, as elegant as they were, did not appeal to Philipe Starck. And he didn't attempt to conceal his distaste. Au contraire, at the presentation of the ›Starck X‹ series the designer expressed his disdain to all the world. Franz Kook, the CEO of Duravit, took the criticism with a smile. He has a lot of such stories to tell.

These scenes reveal his character and, at the same time, the strength of Duravit design cooperations: a very personal way of working together. This is not always easy, explains Kook, »With most designers the cooperation is a tight-rope walk, with the entire product development hanging in the balance.« Managing this is the biggest challenge. Starck, in particular, has a very special sense of humor that animates all his public appearances. But the most important factor in the whole process: the personal chemistry has to be right.

That the effort is worth it is shown by the company's success and the numerous design prizes it has been awarded. Of the roughly 40 projects in the last 20 years, 80% of which were executed with external designers, only two have flopped.

Duravit allows its designers great freedom, because in Franz Kook's experience, it is precisely this freedom which gives rise to the greatest creativity and the most unconventional ideas. Often new design developments present huge, seemingly insurmountable challenges for the production department. However, if solved, such challenges bring the company one step further. »In the final instance, it is the designers who get us to push the envelope,« says Franz Kook.

Role assignments

It is very important that roles are clearly assigned. At Duravit the role of the designer is that

Franz Kooks – durchaus eleganten – Schuhe gefielen Philippe Starck nicht. Und er machte daraus keinen Hehl. Das passierte lautstark in aller Öffentlichkeit bei der Präsentation der Serie ›Starck X‹. Franz Kook, Vorstandsvorsitzender von Duravit, nahm es mit Humor. Er könnte noch viele solcher Geschichten erzählen.

Diese Szene zeigt den Charakter und zugleich die Stärke der Duravit-Design-Kooperationen: eine ganz persönliche Art der Zusammenarbeit. Dass dies nicht immer einfach ist, erzählt Franz Kook: »Mit den meisten Designern ist das ein Ritt auf der Rasierklinge und man steht mehr als einmal am Abbruch einer Entwicklung.« Aber genau das zu managen, sei die große Herausforderung. Starck hat dabei einen ganz besonderen Humor. Jeder seiner Auftritte lebt davon. Das Wichtigste dabei: die Chemie muss stimmen.

Dass sich dies lohnt, zeigt ihm der Erfolg und zahlreiche Designpreise. Von den rund 40 Projekten in 20 Jahren – 80 Prozent davon stammen von externen Designern – sind nur zwei Flops.

Den Designern lässt man bei Duravit sehr viel Freiraum, weil gerade daraus, nach Franz Kooks Erfahrungen, die größte Kreativität und die unkonventionellsten Ideen entstünden. Oftmals stellen neue Designentwicklungen dann große, unüberwindbar scheinende Herausforderungen an die Produktion. Wenn das aber gelöst werden kann, bringt es das Unternehmen stets einen Schritt weiter. »Die Designer bringen uns letztlich dazu, die Grenzen des technisch Machbaren immer weiter nach hinten zu verschieben«, erklärt Franz Kook.

Rollenbesetzungen

Wichtig sei, dass die Rollen klar verteilt sind. Bei Duravit ist der Designer der charismatische Ideengeber, dessen Ent-

1 Archaisches Vorbild für das Handwaschbecken: die Waschschale.
Archaic inspiration for the hand basin: the washing bowl.

2 Waschgeschirr der Schwarzwälder Steingutfabrik, aus einer Preisliste um 1880.
Bathroom set from the Black Forest ceramics manufacturer from the 1880 price list.

3 Ob die Kloschüssel das aushält? Härtetest, 1923.
How strong is the toilet bowl? Durability test in 1923.

2

3

of a charismatic innovator, whose developments stand out from the standard products and constitute a quantum leap forwards to a higher level. The role of Duravit lies in assessing the marketability of the resulting product and ensuring perfect function and immaculate quality.

The history of Duravit goes a long way back to Hornberg in the Black Forest. In 1817 Georg Friederich Horn founded a factory for stoneware products which concentrated solely on crockery until 1842. In 1905 the company began to manufacture bathroom basins and sinks under the name of ›Duraba‹ and marketed them worldwide. Production of crockery was not discontinued until 1912 and these goods are now keenly sought by collectors. In 1950 the company began converting its product line to bathroom ceramics. Ten years later the company was renamed ›Duravit‹, a name it still bears today. The consistent design policy and the design invasion of bathroom equipment began in 1987 when Duravit launched its first design series, ›Giamo‹ from the drawing board of Dieter Sieger.

Forms which represented a previously unknown degree of innovation in the day are nowadays classics, such as one of the most striking and successful ranges of bathroom equipment ever made, Edition 1 by Philipe Starck.

This ›project‹ appeared in 1994 and became a huge success. In his concept, the French designer returned to original forms and very basic design elements. The old hand-operated cylinder pump inspired the design element for the mixing battery. The traditional large white ceramic plate on a free-standing table of solid wood for the hand basin and table. The common bucket was used as the inspiration for the toilet and the bidet, and a

wicklungen sich von den Standardprodukten absetzen und einen qualitativen Sprung zu einem höheren Leistungsniveau schaffen. Die Rolle von Duravit liegt in der Einschätzung der Marktfähigkeit und Sicherstellung perfekter Funktion und Qualität.

Die Geschichte von Duravit in Hornberg im Schwarzwald beginnt schon sehr früh: 1817 gründet Georg Friedrich Horn eine Steingutfabrik, die bis 1842 ausschließlich Steingutgeschirr herstellt. 1905 beginnt man, ›sanitäre Spülwaren‹ aus Hartsteingut zu produzieren, die unter dem Namen ›Duraba‹ weltweit vertrieben werden. Erst 1912 wird die Produktion des Steingutgeschirrs – heute unter Sammlern hochgeschätzt – eingestellt. Ab 1950 beginnt die Umstellung auf Sanitärkeramik. Zehn Jahre später bekommt das Unternehmen den heutigen Namen ›Duravit‹. Die konsequente Designpolitik und die Eroberung des Bades durch Design beginnt 1987, als Duravit zusammen mit Dieter Sieger die erste Designserie namens ›Giamo‹ herausbringt.

Formen, die bei der Einführung durch Duravit eine nie da gewesene Innovation darstellten, sind heute Klassiker, zum Beispiel eine der markantesten und erfolgreichsten Badserien: die Edition 1 von Philippe Starck.

Dieses ›Projekt‹ erscheint 1994 und wird ein Riesenerfolg. Der französische Designer ist dabei zu Ursprünglichkeit und ganz elementaren Dingen zurückgekehrt. Die Schwengelpumpe als Urbild des Einhebelmischers. Die Waschschale auf einer großen, weißen Keramikplatte und einem Unterbau aus Massivholz für Waschtisch und Handwaschbecken. Der Eimer als Vorbild für WC und Bidet, die Tonne für den Waschtischunterbau mit Waschbecken-Mulde. Den Nagel als Haken. Und die freistehende Wanne erlebt eine Renaissance. »Wir sind der Materie müde, wir ertragen sie nicht mehr, wir ersticken an ihr.

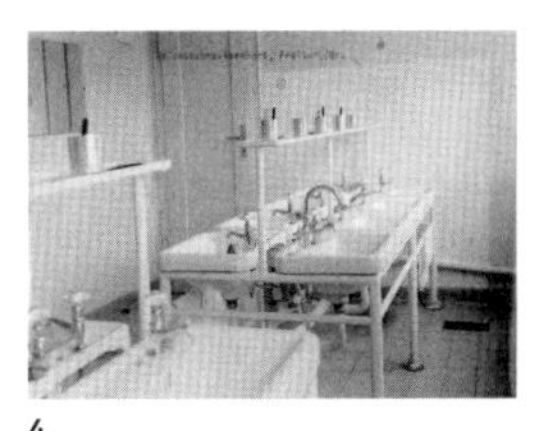

4

5

4 ›Duraba-Waschtische‹ im Reichsbahn-Waisenhort, Freiburg/Breisgau.
›Duraba basins‹ at the Reichsbahn-Waisenhort railway depot, Freiburg/Breisgau.

5 Beginn der konsequenten Designpolitik: erste Designserie ›Giamo‹ von 1987.
Beginning of a consistent design strategy: the first design series, ›Giamo‹ from 1987.

drum for the hand basin stand with a depression to hold the basin itself. The nail serves as a hook. The design triggered the renaissance of the free-standing basin. »We are tired of materials. We cannot bear them anymore. We are suffocating from them. Everywhere we are surrounded by superfluous things. We have to return to the basics,« as Philippe Starck himself puts it. By reducing things to the minimum and concentrating on essential design elements, his goal is to create space for the soul to wander.

The result is a design language that is as minimalistic as it is elegant, a bathroom that has achieved cult status: the quintessence of reduction and beauty.

Four years later, the ›Starck 2‹ bathroom series was brought to market with slightly smaller dimensions. Consequently, this series is also appropriate for smaller bathrooms and tighter budgets. After all, it is one of the policies at Hornberg to offer excellent design, from jeans right through to ballroom clothing, so to speak.

Living and breathing design

For Franz Kook the style of a designer plays a decisive role when making a selection. »Every designer involved in the Duravit design family has followed a completely independent design approach so that we can satisfy the diverse tastes of our customers. Just like Philippe Starck, who would never wear Franz Kook's shoes. And Franz Kook, who would never wear Philippe Starck's boots. The same holds true for Sieger Design, Michael Graves, Norman Foster, Phoenix Design, Massimo Iosa Ghini, James Irvine, Frank Huster, Jochen Schmiddem, EOOS, Andreas Struppler and Herbert Schultes.

Überall sind wir von überflüssigen Dingen umgeben. Wir müssen zur Basis zurückgehen«, so Philippe Starck selbst. Er will durch die Reduktion und Konzentration auf das Wesentliche Räume schaffen, in denen die Seele Platz zum Baumeln findet.

Heraus kommt ein ebenso minimalistisches wie elegantes Design. Ein Bad, das Kultstatus erreicht: Inbegriff von Reduktion und Schönheit.

Vier Jahre später wird die Badserie ›Starck 2‹ auf den Markt gebracht, mit etwas bescheideneren Abmessungen. Damit eignet sich diese Serie auch für kleinere Räume und Budgets; denn bei den Hornbergern möchte man »herausragendes Design von der Jeans bis zum Smoking anbieten«.

Design leben

Für Franz Kook spielt bei der Auswahl eines Designers dessen Stil eine entscheidende Rolle: »Jeder aus der Duravit-Design-Familie vertritt eine ganz eigenständige Stilrichtung – was auch wichtig ist, um den unterschiedlichen Geschmack unserer Endkunden befriedigen zu können.« Wie bei Philippe Starck, der sich nie die Schuhe von Franz Kook anziehen würde – ebenso wenig übrigens jener die Stiefel von Philippe Starck. Oder Sieger Design, Michael Graves, Norman Foster, Phoenix Design, Massimo Iosa Ghini, James Irvine, Frank Huster, Jochen Schmiddem, EOOS, Andreas Struppler und Herbert Schultes.

Design wird bei Duravit nicht einfach auf das Unternehmensimage ›aufgesattelt‹, sondern langfristig, konsequent und glaubwürdig verfolgt. Design ist mit ihm quasi verschmolzen und wird nach innen und außen gelebt. Das zeigt auch das neue Firmengebäude in Hornberg, entworfen von Philippe Starck und 2004 eröffnet, mit Büro- und Schulungsräumen sowie Badausstellung und Bädern zum Probebaden. In einem Mega-WC,

6 Firmengebäude von Philippe Starck entworfen, 2004.
Corporate building designed by Philippe Starck in 2004.

7 Blick aufs Essentielle: Gestaltungsvorbild Eimer für die archaische Formgebung.
Stripped to the essentials: the archaic form of the bucket as a design inspiration.

8 Eine der markantesten und erfolgreichsten Badserien: Edition 1 von Philippe Starck, 1994.
One of the most striking and successful bathroom series, Edition 1 from Philippe Starck, 1994.

6

7

At Duravit design is not merely saddled onto the corporate image but is pursued consistently and convincingly over the long-term. Design and company have merged into one and are lived and breathed both within the company and also in its dealings with the outside. This is also evident in the company's new building in Hornberg, designed by Philippe Starck and opened in 2004, to house an office and training rooms as well as a bathroom exhibition and bathtubs for testing. From a giant toilet bowl that stretches a full three stories high, visitors have a wonderful vista of the Black Forest.

The former ceramics manufacturer has developed into an international group of companies and is now a true global player. Bathrooms today have been freed from the image of a wet-room and Duravit has been at the forefront of this revolution in bathroom design. In the meantime, the company operates in over 80 countries and maintains 24 subsidiaries spread over all continents. Its internationalization strategy is based on keeping a local presence and securing growth.

das über drei Etagen ragt, können Besucher über den Schüsselrand blicken und das Schwarzwaldpanorama genießen.

Die ehemalige Keramik-Manufaktur hat sich zur internationalen Firmengruppe entwickelt und ist zu einem Weltunternehmen geworden. Heute ist das Bad vom Image der Nasszelle befreit und Duravit ist zum Trendsetter für innovatives Bad-Design geworden. Inzwischen operiert das Unternehmen in über 80 Ländern mit 24 Beteiligungsgesellschaften auf allen Kontinenten und setzt bei der Internationalisierungsstrategie auf lokale Präsenz und kontinuierliches Wachstum.

8

»Die einheitliche Positionierung der Marke schafft eine hohe Wiedererkennbarkeit – damals und heute.«

—

»The consistent positioning of the brand creates a high recognition – then and today.«

1

Festo

AIRICS ARM
—
MIT GANZHEITLICHER KOMMUNIKATION ZU EINHEITLICHER MARKENPOSITIONIERUNG

AIRICS ARM
—
USING HOLISTIC COMMUNICATION FOR CONSISTENT BRAND POSITIONING

Airics Arm has bones and muscles – 30 in total – as well as a shoulder joint and shoulder blade. His forearm has an ulna and radius, metacarpal bones and phalanges.

Nothing surprising about this if it were not for the fact that Airic is a robot. Airic's bones do not heal themselves. They are made of polyamide, designed on a computer, and grown in 3D using the latest ›laser-sinter‹ technology.

Airic's muscles are not called musculus biceps brachii or musculus triceps brachii. No, all of his muscles share the one name: fluidic muscle. They are a product of Festo and have long been used in production.

Festo is a global leader in automation technology. This globally-aligned, yet independent, family company based in Esslingen am Neckar was founded in 1925. The basic status of the family company has not changed since. However, operations have been developed consistently over the decades to serve promising new fields. Its steady rise to global leadership in pneumatic technology and systems began in the middle of the 1950s when nobody, apart from Festo, had any idea of the huge potential of pneumatic technology in automation.

Today, Festo has become the leader in its field due to its innovations and skill at solving problems associated with automation, offering a unique portfolio of industrial training programs.

The Festo Group has a global presence with approx. 12 800 employees at 250 locations. More than 300 000 industrial customers have put their trust in Festo's solutions. The product program comprises approx. 30 000 products and systems for pneumatic and electric automation for facto-

Airics Arm hat Knochen und Muskeln – 30 an der Zahl – ebenso Schultergelenk und Schulterblatt. Sein Unterarm besitzt Elle und Speiche, Mittelhandknochen und Fingerknochen. Das wäre weiter nicht erwähnenswert, wenn… ja wenn was?

Airics Arm ist ein Roboterarm. Wenn Airic sich seine Knochen bricht, dann verheilen sie nicht von selbst. Sie sind aus Polyamid, am Computer konstruiert und wachsen mit modernsten Lasersinterverfahren dreidimensional im Raum.

Airics Muskeln heißen nicht Musculus biceps brachii oder Musculus triceps brachii, sondern seine Muskeln haben alle nur einen einzigen Namen: Fluidic Muscle. Sie sind ein Produkt von Festo und längst fester Bestandteil in der Fertigung.

Festo ist ein weltweit führender Anbieter von Automatisierungstechnik. Das global ausgerichtete, unabhängige Familienunternehmen mit Hauptsitz in Esslingen am Neckar wird 1925 gegründet. Am Status des Familienunternehmens hat sich bis heute nichts geändert. Doch die Geschäftsfelder werden im Laufe der Jahrzehnte konsequent zukunftsorientiert erweitert. Als Mitte der 1950er Jahre in Europa noch niemand – außer Festo – das große Potenzial der Pneumatik für die Automatisierungstechnik erkennt, beginnt der stetige Aufstieg zur weltweit führenden Marke für pneumatische Komponenten und Systeme.

Festo hat sich heute durch Innovationen und Problemlösungskompetenz rund um die Automatisierung sowie mit einem einzigartigen Angebot an industriellen Aus- und Weiterbildungsprogrammen zum Leistungsführer seiner Branche entwickelt.

Die Festo Gruppe ist mit rund 12 800 Mitarbeitern an 250 Standorten weltweit präsent. Mehr als 300 000 Industriekunden vertrauen auf die Problemlösungskompetenz von Festo. Das Produktprogramm umfasst für die pneumatische und elek-

1 Fahrzeug von Festo, 1950er Jahre.
Festo vehicle from the 1950s.

2 1956 erscheint der erste Katalog mit einem kleinen Programm der Pneumatik.
The first catalog appeared in 1956 with a small range of pneumatic solutions.

3 Das heutige Logo in der Farbe Caerul, dem Blau von Festo.
The current logo in Caerul blue, the Festo blue.

2

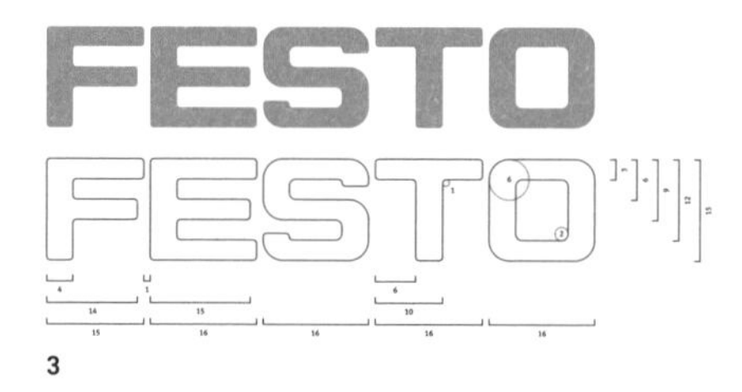

3

ries and processes. Each year, Festo develops hundreds of new products and owns 2800 patents worldwide.

Comprehensive standards

Very few companies are seen as having such a homogenous brand as Festo. This is due to its consistent corporate identity. Nothing is left to chance. Everything visible, both within the company and outside it, is designed, from the typeface right up to the largest outdoor display. This ranges from the letterhead to job advertisements, from its architecture to its canteen cutlery, from folder labels to work stations, from door handles to light switches, and naturally, Festo's own products with their switches and levers. A clear family affiliation can even be seen in projects like Airics Arm.

Everything is designed according to strict design criteria that are laid down in the Corporate Design Manual. This anchors the rules for the visual identity of Festo, although, these too are being constantly developed, as new design elements are adopted, others modified, and yet others abandoned. The basic rule is recognition. This is because the main goal is to position the visual appearance of the company to ensure it has an unmistakable corporate image worldwide. However, uniform corporate design also offers customers and employees the chance to identify with the company and find orientation. The caerul blue used in the Festo logo also acts as a signature color. An unmistakable and harmonious impression is only possible if all the visual components of the corporate identity are combined and used correctly.

In the end, successful corporate design is a joint exercise, not just of a number of departments,

trische Automatisierungstechnik rund 30 000 Produkte und Systeme für die Fabrik- und Prozessautomation. Festo entwickelt jährlich Hunderte von Neuheiten und besitzt 2800 Patente weltweit.

Ein umfassendes Regelwerk

Kaum ein Unternehmen wird von außen als so homogene Marke wahrgenommen wie Festo. Das liegt an dem konsequenten Erscheinungsbild. Nichts wird dem Zufall überlassen. Alles, was außen und innen im Unternehmen sichtbar ist, vom Schriftzeichen bis zum großen Auftritt am Himmel wird gestaltet. Das reicht vom Briefbogen bis zur Stellenanzeige, von der Architektur bis zum Kantinenbesteck, von der Ordnerbeschriftung bis zum Arbeitsplatz, vom Türgriff bis zum Lichtschalter, und selbstverständlich bis hin zu den Festo-Produkten mit ihren Schaltern und Hebeln. Selbst bei einem Projekt wie Airics Arm ist seine Familienzugehörigkeit eindeutig zu erkennen.

Alles ist nach ganz bestimmten Gestaltungskriterien entworfen, die in einem Corporate Design Handbuch festgehalten sind. Hier sind die Regeln für den sichtbaren Ausdruck der Identität von Festo verankert. Dabei werden sie aber auch ständig weiterentwickelt. So werden neue Gestaltungselemente aufgenommen, andere modifiziert oder aufgegeben. Grundregel ist stets: Wiedererkennbarkeit. Denn Ziel ist es, das Unternehmen optisch zu positionieren und zu profilieren, um ein unverwechselbares Erscheinungsbild weltweit zu erreichen. Das einheitliche CD (Corporate Design) bietet aber auch Kunden und Mitarbeitern die Möglichkeit sich zu orientieren und zu identifizieren. Das Blau von Festo, die Farbe ›Caerul‹, dient auch als Signalfarbe. Damit werden wichtige Funktionselemente hervorgehoben, das unverkennbare Logo ist in dieser Farbe. Erst

4 Die wesentlichen Gestaltungselemente finden sich auch bei den Produkten: Einweg-Ventil.
The essential design elements can also be found in the products: one-way valve.

5 Spektakuläre Auftritte in der Öffentlichkeit machen die Marke bekannt: Ballooning Event.
Spectacular public events make the brand well-known. Ballooning event.

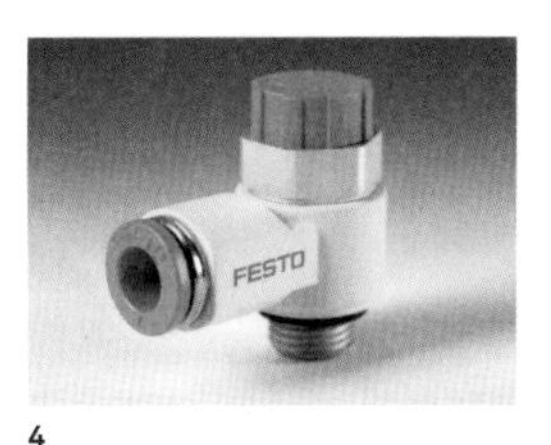

4

5

such as product design, graphic design and marketing, but also of all employees. In this case the corporate design department is the link between the various disciplines.

In addition to the possibilities and advantages they offer, design principles also result in restrictions. The conscious renunciation of unlimited variety and individuality is the price for reducing things to the minimum. Personal taste becomes secondary to a coherent positioning of the Festo brand.

Inspired by nature

Innovation plays a major role in corporate design. This involves a number of special projects that are worked out and presented at trade fairs and events to underscore the value of the brand.

Airics arm is just one of these. Inspired by nature. By combining mechatronics and the biological original, the human body, it reveals new possibilities for automated processes in future.

It is a product of the Bionic Learning Network, part of Festo's commitment in the field of technical training and cooperation with students, well-known universities, research institutes and development companies. In this regard Festo promotes ideas and initiatives which go beyond the core businesses of automation and training and point towards the future. What all have in common is that they are inspired by nature. Bionics is the study of nature to find solutions to technical problems.

The fluidic muscle – which also takes nature as its example – is a radically new kind of pneumatic drive which combines a flexible hose and fibers arranged in a woven fabric. When filled with compressed air its diameter increases and

durch die richtige Verwendung und Kombination aller benötigten Komponenten des visuellen Erscheinungsbildes entsteht ein unverwechselbarer und harmonischer Gesamteindruck.

Ein erfolgreiches Corporate Design ist letztlich eine Gemeinschaftsleistung nicht nur vieler Abteilungen wie Produkt Design, Grafik Design, Marketing, sondern vielmehr die Gemeinschaftsleistung aller Mitarbeiter. Die Abteilung Corporate Design bildet dabei das Bindeglied zwischen den einzelnen Disziplinen.

Die Gestaltungsgrundsätze bringen neben den Möglichkeiten und Vorteilen auch Einschränkungen mit sich. Der bewusste Verzicht auf unbegrenzte Vielfalt und Individualität ist der Preis für die Reduktion auf das Wesentliche – persönlicher Geschmack tritt dabei hinter einer einheitlichen Positionierung der Marke Festo zurück.

Von der Natur inspiriert

Auch das Thema Innovation wird im Bereich Corporate Design groß geschrieben. So werden hier eine Reihe Sonderprojekte betreut und erarbeitet, die dann auf Messen und Events präsentiert werden und die Marke positiv besetzen.

Airics Arm gehört dazu. Er ist von der Natur inspiriert. In der Kombination aus Mechatronik und dem biologischen Vorbild Mensch zeigt er neue Möglichkeiten für automatisierte Bewegungsabläufe der Zukunft.

Er ist ein Ergebnis des Bionic Learning Network. Dieses ist Teil des Engagements von Festo im Bereich der technischen Aus- und Weiterbildung in Kooperation mit Studenten, namhaften Hochschulen, Instituten und Entwicklungsfirmen. In diesem Rahmen fördert Festo Ideen und Initiativen, die über das Kerngeschäft der Automatisierung und Didactic hinausgehen und in die Zukunft blicken. Allen ist gemeinsam, dass sie

6

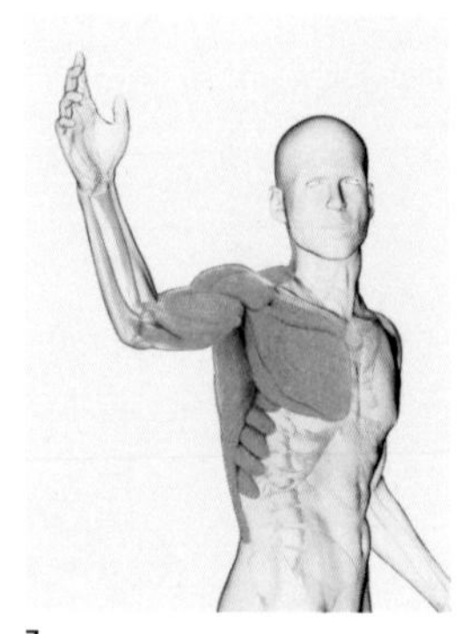

7

6 Der pneumatische Muskel: Fluidic Muscle.
The pneumatic muscle, fluidic muscle.

7 Vorbild Natur: Inspirationsquelle Mensch.
Nature as inspiration. Here, the human body.

8 Airics Arm: Menschliche Bewegungen als Vorbild.
Airics Arm: human movements as archetype.

9 Das Innenleben des innovativen Roboterarms.
The interior of the innovative robot arm.

its length decreases. This enables elastic movements which simulate the human body in terms of kinematics, speed, power, and refinement.

The artificial muscle has proven to be a universal genius in a growing number of applications, for instance, as an actuator in an exhibition system from Burkhardt Leitner constructiv that moves in a way suggestive of breathing. Its fluid movements predestine it for use in simulations, such as at an amusement park or in a cinema, where tension is created by movement, such as in the simulation of an earthquake, or in numerous driving and flight simulators.

A look ahead: it is quite feasible that the sensors in Airic's Arm could include cameras or touch sensors. It is also conceivable that he grows a backbone, hips and neck. This makes Airic even more interesting for robotics. As such it could assume dangerous tasks and be used in places that remain inaccessible to mere mortals.

Vorbilder der Natur nutzen. Denn Bionik heißt die Wissenschaft, bei der gezielt in der Natur nach der Lösung für ein technisches Problem gesucht wird.

Der Fluidic Muscle – auch nach dem Vorbild Natur entwickelt – ist ein völlig neuartiger pneumatischer Antrieb. Er ist eine Kombination aus einem flexiblen Schlauch und Fasern in einem rautenförmigen Geflecht. Wird er mit Druckluft befüllt, vergrößert sich sein Durchmesser und gleichzeitig wird seine Länge verkürzt. Das ermöglicht fließend elastische Bewegungen, die in Kinematik, Geschwindigkeit, Kraft, aber auch Feinheit menschlichen Bewegungen nahe kommen.

Der künstliche Muskel erweist sich als Universalgenie in immer neuen Anwendungen, wie etwa als Aktuator in einem Messesystem von Burkhardt Leitner constructiv, das sich bewegt und zu atmen scheint. Seine ruckelfreie Bewegung prädestinieren den Fluidic Muscle auch für perfekt nachgeahmte Szenarien, beispielsweise wenn in Vergnügungsparks oder Kinos über Bewegungen Spannung erzeugt wird, wie die Simulation eines Erdbebens. Oder bei unterschiedlichsten Fahr- und Flugsimulationen.

Ein Blick in die Zukunft: Möglich ist, dass die Sensorik von Airics Arm zum Beispiel durch Kameras oder Elemente zur taktilen Wahrnehmung erweitert wird. Ebenso ist denkbar, dass er auch Rücken, Hüfte und Nacken bekommt. Damit wird Airic noch interessanter für die Robotik. Er könnte dann den Menschen mehr gefährliche Situationen abnehmen und an Orten eingesetzt werden, die für Menschen unzugänglich sind.

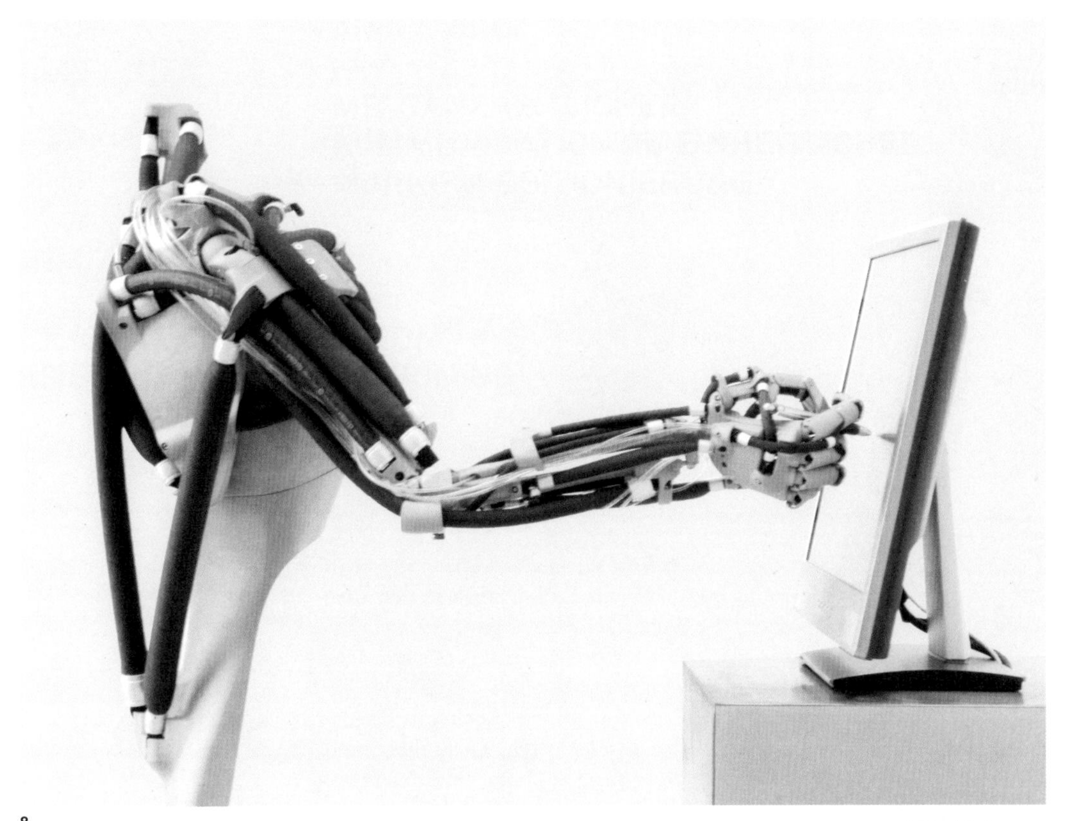

8

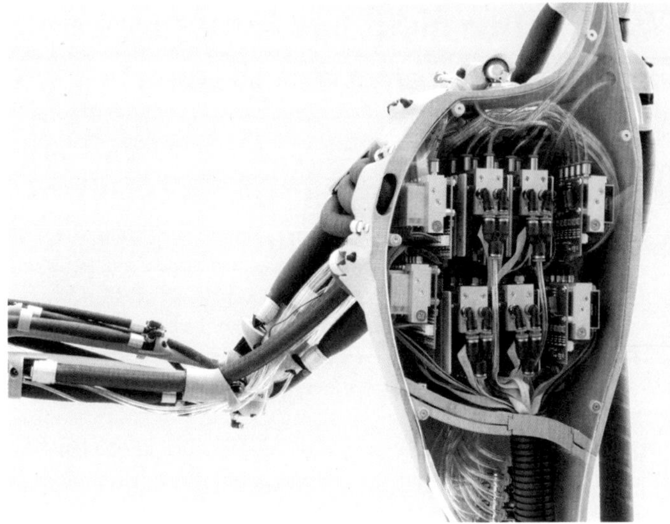

9

»Wir machen nicht nur Armaturen und Brausen, wir gestalten damit das Wasser!«

—

»We don't only make taps and showerheads. We design the water too!«

Philippe Grohe

1

BRAUSENDES GLÜCK
—
VON STRAHLARTEN UND DUSCHTYPEN: WASSER GESTALTEN

A FOUNTAIN OF PLEASURE
—
A STORY OF TYPES OF JETS AND SHOWERING HABITS: DESIGN USING WATER

One jet of water is not the same as the next. If you have ever used a clogged showerhead you will know why: either the water dribbles out or it suddenly squirts in all directions. At Hansgrohe experts have been working for years on perfecting the water jet leaving a tap or showerhead. »We are researchers, jet researchers. We shape the fluid element,« says the head of the Hansgrohe laboratory, Markus Wöhrle, when describing his work. Water is much more complex than is generally thought. You need expertise and endless testing, but most of all invention, natural curiosity and a passion for experimenting before you reach your goal: normal flow for good coverage, a soft jet for washing your hair, an aerated whirl for a decent massage, a single ray for a cold shock or a pulsating jet for a particularly intensive experience.

Everything began in 1901 when the trained weaver and inventor Hans Grohe opened a metal pressing shop in Schiltach in the Black Forest. At the time, private bathtubs were becoming widespread and the bathroom equipment industry was in its infancy. Hans Grohe seized the chance and focused on showerheads. His rationale was that showering is more economic than bathing and for most people the only affordable option. He became the pioneer of the German bathroom equipment industry and the originator of home showers.

Trendsetting innovations followed, such as the handheld shower with a white porcelain handle in 1928 or the first automatic overflow valve in 1934. In the same year Hans Grohe's second eldest son, Friedrich, left his father's company. Friedrich put his money on taps, taking over a company in Westfalen in 1936 which today is one of the biggest names in the industry, though there has been no family affiliation for years.

Wasserstrahl ist nicht gleich Wasserstrahl. Wer schon mal unter einer verkalkten Brause stand, kennt das: Das Wasser kommt als Rinnsal oder spritzt in alle Richtungen. Bei Hansgrohe gibt es seit Jahren Experten, die sich mit nichts anderem beschäftigen als mit der Art und Weise, wie ein Wasserstrahl aus Armatur und Brause kommt. »Wir sind Forscher – Strahlforscher. Wir formen das flüssige Nass«, beschreibt der Leiter des Hansgrohe Strahllabors, Markus Wöhrle, seine Arbeit. Denn Wasser ist viel komplexer als allgemein vermutet. Es braucht sehr viel Know-how, eigens entwickelte Testmethoden für Strahlen, vor allem aber Erfindergeist, Spaß am Experimentieren und Leidenschaft für Wasser, um es in Duschköpfen ebenso wie in Armaturen zum angenehmen Strahl zu formen: Normalstrahl für gute Benetzung, Softstrahl ideal zum Haare waschen, belüfteter Whirlstrahl zur kräftigen Massage, Monostrahl für kalte Güsse oder Schwallstrahl für ein besonders intensives Wassererlebnis.

Angefangen hat alles 1901, als der gelernte Weber und findige Tüftler Hans Grohe einen Handwerksbetrieb für Metalldrückwaren in Schiltach mitten im Schwarzwald eröffnet. Damals beginnt sich das private Hausbad zu verbreiten und in Deutschland entsteht die Sanitärbranche. Hans Grohe ergreift die Chance und setzt zunächst vor allem auf Brausen. Denn in seinen Augen ist Duschen preiswerter als Baden und dadurch für viele Menschen überhaupt erst erschwinglich. Er wird zum Pionier der deutschen Sanitärindustrie und zum Begründer der Duschkultur.

Zukunftsweisende Innovationen folgen, wie 1928 die Handbrause mit weißem Porzellangriff oder 1934 die erste automatische Ab- und Überlaufgarnitur. Im gleichen Jahr verlässt Hans Grohes zweitältester Sohn Friedrich den väterlichen Betrieb. Er setzt auf Armaturen und übernimmt 1936 in Westfalen

2

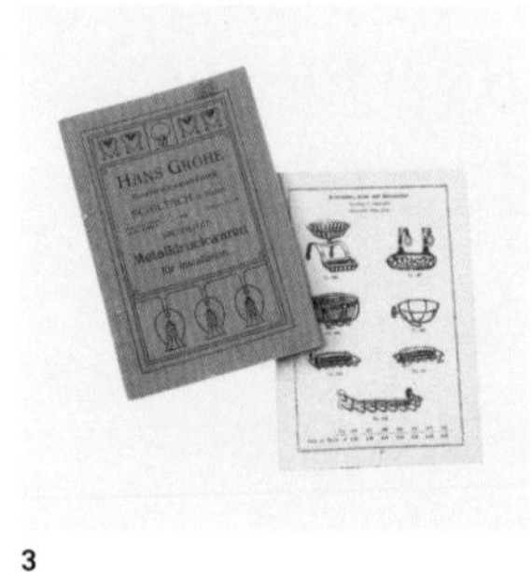

3

1 Der Firmengründer Hans Grohe in seinem Element.
The founder of the company, Hans Grohe, in his element.

2 Aus Messingblech gedrückte und verlötete Kopfbrause aus den Anfangsjahren.
The pressed and soldered brass showerhead from the early years.

3 Hans Grohe lässt im Jahr 1908 den ersten Firmenkatalog drucken.
Hans Grohe commissions printing of the first catalog in 1908.

This is different at Schiltach. Klaus Grohe, the youngest son and in his father's company since 1968, led Hansgrohe AG for more than three decades before moving into the supervisory board in 2008. His three sons are continuing the family tradition. Richard, the deputy chairman, manages the Hansgrohe brand, Philippe the Axor brand, and Pierre Nicholas is in charge of sales in North America.

The perfect jet

In 1953 Hans Grohe invented the wall rail, a revolution for bathroom design. In 1968 the forward march continued with ›Selecta‹, the first handheld showerhead with an adjustable jet – a hit with over 30 million units sold. In 1974 ›Tri-Bel‹, the first colored plastic multi-spray showerhead with rotating shower head, won the company's first design prize. By the end of the 1960's, when »bathroom taps still looked like pieces of machinery« the Shiltach bathroom specialist switched its focus to design and has since set the standards for the industry. The constant striving for perfect form and function has been quickly rewarded. Hansgrohe taps, showerheads, and shower systems have repeatedly won design prizes – more than 250 to date – in long cooperation with internationally recognized design greats such as Phoenix Design, Philippe Starck, Antonio Citterio und Jean-Marie Massaud. If not before, the global success of the ›Axor Starck‹ bathroom collection unequivocally established Hansgrohe as one of the global leaders of the sanitary industry.

Like a tap, a showerhead is a complicated thing, consisting of up to 50 separate parts. The various Hansgrohe research and development laboratories concentrate on testing and engineer-

eine Firma, die heute unter dem Namen Grohe bekannt ist, auch wenn dort längst kein Mitglied der Grohe-Familie mehr mitwirkt.

Anders in Schiltach. Klaus Grohe, der jüngste Sohn des Firmengründers und seit 1968 im väterlichen Unternehmen, leitet mehr als drei Jahrzehnte die Hansgrohe AG und steht seit 2008 ihrem Aufsichtsrat vor. Auch drei seiner Söhne setzen die Familientradition fort: Richard, stellvertretender Vorstandsvorsitzender, leitet die Marke Hansgrohe, Philippe die Designer-Marke Axor und Pierre Nicholas firmiert als Vertriebsleiter Nordamerika.

Der perfekte Strahl

1953 erfindet Hans Grohe die Brausestange, die das Bad revolutioniert. 1968 folgt mit ›Selecta‹ die weltweit erste Handbrause mit verstellbaren Strahlarten – ein Bestseller, der sich bis heute mehr als 30 Millionen Mal verkauft. 1974 bringt ›Tri-Bel‹ – die erste farbige Multispray-Brause aus Kunststoff mit drehbarem Brausekopf – dem Unternehmen den ersten Designpreis. Schon seit Ende der 1960er Jahre, »als Badarmaturen noch wie Maschinenteile aussahen«, setzt der Schiltacher Badspezialist auf Design und schafft Maßstäbe in der Branche. Das Streben nach Perfektion in Form und Funktion wird schnell belohnt: Hansgrohe-Armaturen, Brausen und Duschsysteme holen immer wieder Designpreise – mehr als 250 bis heute – auch ein Ergebnis der langjährigen Kooperation mit international anerkannten Designgrößen wie Phoenix Design, Philippe Starck, Antonio Citterio und Jean-Marie Massaud. Spätestens seit dem Welterfolg der Badkollektion ›Axor Starck‹ zählt Hansgrohe zu den international marktprägenden Unternehmen der Sanitärbranche.

Eine Brause ist – ebenso wie ein ›Wasserhahn‹ – eine komplizierte Sache; ein modernes Exemplar kann aus über 50

4 Die Brausestange ›Unica‹ von 1953 revolutioniert das Bad.
The ›Unica‹ shower rail from 1953 revolutionized bathroom design.

5 Klaus Grohe, ›Berufsduscher‹, unter der ›Tri-Bel‹, die 1974 den ersten Designpreis holt.
Klaus Grohe, a ›career shower type‹, under ›Tri-Bel‹, winner of the first design award in 1974.

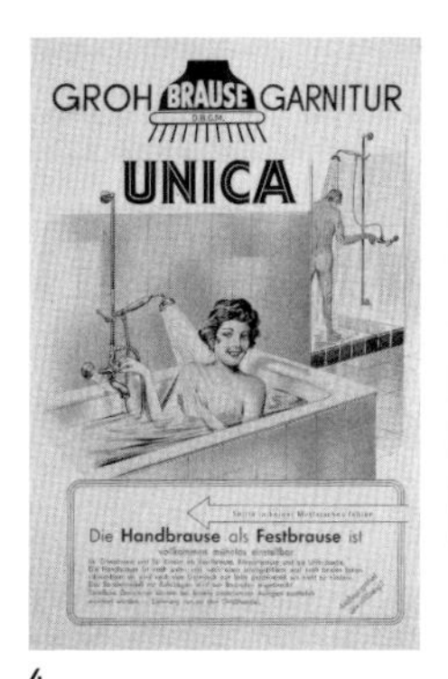

4

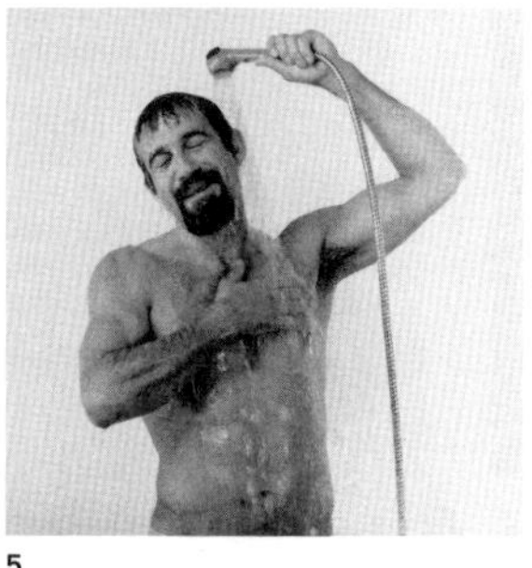

5

ing new solutions, producing a range of prototypes using different forms and materials. Samples and models are cut open to examine their inner secrets using a stereo microscope. Strobe lighting is used to see if the individual jets of a whirl massage, for example, actually do follow their intended spiral paths.

»A quick showerer has totally different expectations of a showerhead than someone who uses the shower for wellness, fitness or body care,« says Markus Wöhrle. Yet, this type of customer is given equal weight in the development of Hansgrohe showerheads and the perfection of the shower jet.

»The design and functionality of Hansgrohe products accommodate the wide range of personal showering habits,« he continues. This has been confirmed in a survey by the market research specialist, Emnid, which revealed that most Germans are ›fitness‹ shower-types, followed closely by ›body-care‹ types. ›Fast showerers‹ are in third place with ›luxury shower‹ types last. As different as the various personality types may be, so too the showerheads to suit their shower habits.

In the pouring rain

The jet laboratory also produced the Hansgrohe AirPower Technology used in the large ›raindance‹ showers, the most successful product launch to date. In this technology, air is injected to the water flow to create sporadic large rain drops, like a summer shower. Alternatively, it can be used to accelerate the water into a massage jet.

In 2007 the jet researchers also developed EcoSmart technology, incorporated in the energy-saving ›Crometta 85 Green‹, among other products. Using water and energy more efficiently

Teilen bestehen. In den diversen Hansgrohe Forschungs- und Entwicklungslabors wird getestet und getüftelt. Hier werden Prototypen in unterschiedlichen Formen und Materialien gebaut, ausprobiert und optimiert. Man zersägt auch Muster und Modelle, um das Innerste einer Brause unter dem Stereo-Mikroskop bis ins letzte Detail zu durchleuchten. Unter flackerndem Stroboskoplicht wird nachgeprüft, ob beispielsweise die Einzelstrahlen des Whirl-Massagestrahls auch tatsächlich saubere Spiralbahnen beschreiben.

»Ein Schnellduscher stellt andere Anforderungen an seine Brause als ein Pflege-, Fitness- oder Genussduscher«, erläutert Markus Wöhrle. Bei der Entwicklung der Hansgrohe Brausen und der Perfektionierung des Duschstrahls spielt denn auch diese Duschtypologie eine Rolle.

»Design und Funktionalität der Hansgrohe Produkte tragen den unterschiedlichen Duschpräferenzen Rechnung«, so Wöhrle. Dazu hat das Meinungsforschungsinstitut Emnid eine Umfrage durchgeführt. Demnach sind die meisten Deutschen ›Fitnessduscher‹, dicht gefolgt vom ›Pflegeduscher‹. Auf Platz drei liegen die ›Schnellduscher‹ und auf dem letzten Platz die ›Genussduscher‹. So unterschiedlich die Duschtypen, so verschieden auch die zu ihren jeweiligen Duschgewohnheiten passenden Brausen.

Im strömenden Regen

Aus dem Strahllabor kommt 2004 auch die Hansgrohe AirPower-Technologie der großen ›Raindance‹-Brausen, die erfolgreichste Produkteinführung von Hansgrohe. In einem ganz bestimmten Verhältnis wird dem Wasser Luft beigemischt, die die Wasserfäden in weiche, dicke Tropfen zerteilt – so wie bei einem warmen Sommerregen – oder das Wasser zu einem Massagestrahl beschleunigt.

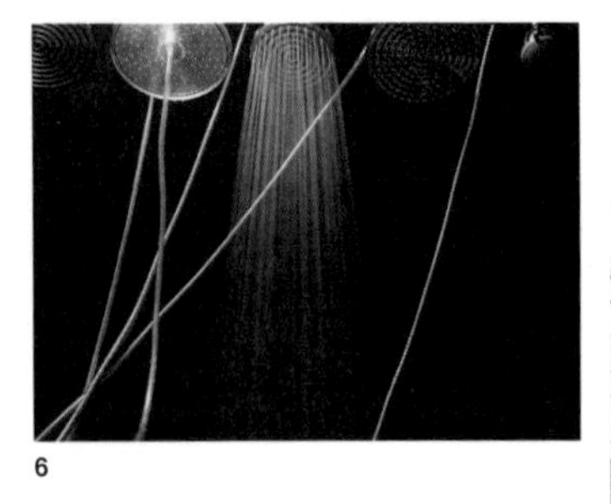

6

7

6 Im Hansgrohe Strahllabor werden Wasserstrahlen gemessen, erforscht und entwickelt.
Water flows are measured, researched and developed at the Hansgrohe jet laboratory.

7 Auf der Suche nach dem perfekten Strahl: Jeder Wassertropfen wird unter die Lupe genommen.
In search of the perfect jet: each drop of water is subject to examination.

8 ›Raindance Rainmaker‹ mit AirPower-Technologie.
›Raindance Rainmaker‹ with AirPower technology.

without any loss of pleasure in the shower is a feat made possible by a combination of sophisticated flow regulation and a central air intake which limits the flow to result in the desired jet, independent of the actual water pressure. As a result, the flow has the necessary strength but water consumption can fall by up to 60%.

From its beginnings in 1901 the pioneer of bathroom equipment today counts as one of the global leaders in taps and shower equipment and is seen as one of the most innovative in terms of both technology and design. This is shown by the growth rates of the company which have been double-digit for years. Most of all, Hansgrohe products are in high demand in other countries. Almost 80 percent of its production is sold abroad. Nevertheless, »80% of the taps and showers are manufactured at our plants in Schiltach and Offenburg,« says the CEO, Siegfried Gänßlen, and customers appreciate the »Made in Germany« quality seal.

The passion of the founder for water, the elixir of life, has remained with the company. The company not only continues to write history, it preserves it, at the Hansgrohe ›Water – Bath – Design‹ Museum which displays over 700 years of bathroom culture. The inspiring Hansgrohe Aquademia convey expertise to technicians, traders, architects and other professionals. Moreover, the Aquademia centers allow individuals to personally test taps, showerheads and shower systems – and the ›raindance‹ shower. What a great place to stand in the rain!

2007 entwickeln die Strahlforscher die EcoSmart-Technologie, integriert unter anderem in der Energiesparbrause ›Crometta 85 Green‹: Wasser und Energie besser nutzen ohne auf Duschvergnügen zu verzichten. Möglich macht dies eine Kombination aus ausgeklügelter Durchflussregulierung und zentraler Luftansaugung. Dabei wird der Durchfluss unabhängig vom Wasserdruck auf eine für den Duschstrahl gut abgestimmte Wassermenge begrenzt. Dadurch erhält der Strahl die gewünschte Kraft, aber der Wasserverbrauch sinkt um bis zu 60 Prozent.

Der Sanitärpionier von 1901 zählt heute zu den international führenden Armaturen- und Brausenherstellern und hat sich weltweit den Ruf als einer der Innovationsführer in Technologie und Design erworben. Das zeigen auch die Wachstumszahlen, die sich seit Jahren in zweistelliger Höhe bewegen. Vor allem im Ausland werden Hansgrohe-Produkte stark nachgefragt, nahezu 80 Prozent werden dorthin verkauft. Dennoch: »80 Prozent der Armaturen und Brausen kommen aus unseren Werken in Schiltach und Offenburg«, sagt Vorstandschef Siegfried Gänßlen. Die Kunden wüssten das Gütesiegel ›Made in Germany‹ zu schätzen.

Die Leidenschaft des Gründers für das Lebenselixir Wasser ist dem Unternehmen bis heute geblieben. So schreibt die Firma nicht nur weiter Badgeschichte, sie unterhält auch das Hansgrohe Museum ›Wasser – Bad – Design‹, das über 700 Jahre Badkultur zeigt. Die Hansgrohe Aquademien vermitteln Installateuren, Händlern, Architekten und anderen Fachleuten Wissen und Inspiration. In vielen Aquademien kann man außerdem Armaturen, Brausen und Duschsysteme selbst testen, natürlich auch die ›Raindance‹-Brausen: Da steht man wirklich gern einmal im Regen.

8

»Gutes Stuhldesign erkennt man daran, dass die Menschen sich nicht fürs Design begeistern, sondern für den Stuhl.«

—

»Good chair design can be recognized when people don't get excited about the design, but about the chair.«

1

Interstuhl

WIE SITZEN?
—
VON DER DORFSCHMIEDE ZUR STUHLSCHMIEDE

HOW TO SIT?
—
FROM VILLAGE BLACKSMITH TO CHAIR FOUNDRY

»When I sit, I would not sit
as desired by my behind
Really, a much neater fit
were dictated by my mind

This does not demand too much
just the style, the stool as such,
leaving the purpose of the things
no qualms, to greedy plebians.«*

Sitting is a basic posture of people and admittedly very comfortable, particularly on chairs. What slowly began in modern times, i.e. sitting on that cultural icon known as the chair, a privilege previously reserved for members of the ruling class and the clergy, is now common practice. Nowadays we sit just about everywhere: at work, at dinner, in front of the TV, at play, at the computer, at the dentist, at the hairdresser, in prison or at home, and even on the move, in a car or plane.

But few realize how difficult it is to sit properly. Is *Morgenstern's poem his expression of a painful experience once suffered by his behind? The poem appeared in his famous volume of ›Gallows Songs‹. In the 1930s another aesthete, Frank Lloyd Wright, complained about the bruises he got from sitting on the chairs he had designed himself. A famous Viennese colleague, and yet another aesthete, Adolf Loos, had discovered the symptoms of fatigue that come from sitting and even proposed a solution: »if you get tired, get a different kind of chair!« In addition to the problems identified by the two architects, bad sitting habits can lead to headaches, stiff necks, bad backs, poor circulation in the legs, a lack of concentration and lower output. Solving these issues is the goal that Interstuhl has set itself. As their motto puts it,

»Wenn ich sitze, will ich nicht
sitzen, wie mein Sitz-Fleisch möchte,
sondern wie mein Sitz-Geist sich,
säße er, den Stuhl sich flöchte.

Der jedoch bedarf nicht viel,
schätzt am Stuhl allein den Stil,
überlässt den Zweck des Möbels
ohne Grimm der Gier des Pöbels.«*

Sitzen ist eine Grundhaltung des Menschen und sehr bequem. Vor allem auf einem Sitzmöbel. Was in der Neuzeit langsam begonnen hat, nämlich, dass die Menschen sich an das Kulturgerät Stuhl gewöhnen, – früher war er weltlichen und kirchlichen Herrschern vorbehalten – ist heute weit verbreitet. Wir sitzen fast überall: beim Arbeiten, Essen, Fernsehen, Spielen, am Computer, beim Zahnarzt oder Friseur, im Gefängnis oder zu Hause, im Auto oder Flugzeug.

Dabei ist richtig und gut sitzen gar nicht so einfach. Ist das Gedicht ›Der Ästhet‹ von *Christian Morgenstern der poetische Ausdruck schmerzhafter Erfahrungen seines Sitzfleisches? Es ist unter den ›Galgenliedern‹ erschienen. In den 1930er Jahren klagt ein großer Ästhet, der amerikanische Architekt Frank Lloyd Wright, über blaue Flecken, die er sich beim Sitzen auf seinen selbst entworfenen eckigen Möbeln geholt habe. Ein Kollege aus Wien und ebenfalls Ästhet, Adolf Loos, hat bereits Ende des 19. Jahrhunderts Ermüdungserscheinungen beim Sitzen festgestellt und eine Lösung vorgeschlagen: »jede art der ermüdung verlangt nach einem anderen sessel.« Neben den von den beiden Architekten festgestellten Problemen können Kopf-, Nacken- und Rückenschmerzen, eingeschränkte Blutzirkulation in den Beinen, verminderte Konzentrations- und Leistungs-

1 Die Stuhlschmiede in Meßstetten-Tieringen, 1969.
The chair foundry in Meßstetten-Tieringen1969.

2 Sortiment von Bürostühlen, Ende der 1960er Jahre.
The range of office chairs at the end of the 1960s.

3 Ein Arbeitsstuhl mit Verstellmöglichkeiten.
An adjustable factory chair.

2

3

»we understand more about seating.« Today Interstuhl is one of the top chair manufacturers on the market.

It all began with a blacksmith's shop that Wilhelm Link, freshly awarded his master's certificate, opened in Tieringen in 1930 on the Swabian Alb, only one year after the crash on Wall Street, the infamous Black Friday in 1929 which resulted in a global economic crisis, countless bankruptcies and 4.5 million unemployed. His grit and resolve allowed him to survive the early years, the Second World War, the restoration, and the ensuing currency reform. Post-war reconstruction and an economic boom followed.

But then his big crisis finally dawned: fewer and fewer horses. And blacksmiths were in low demand. Forced to choose between giving up his chosen career or using his skills elsewhere, Wilhelm Link, now supported by his son, Werner, decided to diversify. He recognized a new opportunity. The local textile industry was booming and more and more seamstresses were being recruited. And they needed suitable chairs. In 1961 Wilhelm Link and his son Werner started manufacturing them.

Brand name seating

»That was change management,« explains Werner Link, who now runs the company with his sons, Joachim and Helmut. »And we have remained true to that attitude ever since.« The venture into new territory is evidence of a corporate philosophy that does not see change and cultural shifts as a threat but as a challenge.

Four years later the company, already counting ten employees, passed the one million mark in sales. The Interstuhl brand was created in 1967.

fähigkeit Folgen falschen Sitzens sein. Dem abzuhelfen, haben sich die Sitzspezialisten der Firma Interstuhl vorgenommen. Ihr Motto: »Vom Sitzen verstehen wir mehr.« Interstuhl ist heute eine Stuhlschmiede ersten Ranges.

Angefangen hat alles tatsächlich mit einer Schmiede, die Wilhelm Link – mit dem frisch erworbenen Meisterbrief in der Tasche – 1930 in Tieringen mitten auf der schwäbischen Alb eröffnet. Gerade ein Jahr nach dem großen Börsencrash an der Wall Street – der schwarze Freitag von 1929 –, der Weltwirtschaftskrise, unzählige Konkurse und 4,5 Millionen Arbeitslose zur Folge hat. Zähigkeit und Ausdauer helfen ihm die Gründungsjahre, den Zweiten Weltkrieg, die Trümmerjahre und die Währungsreform erfolgreich zu überstehen. Wiederaufbau und Wirtschaftswunder folgen.

Aber dann kommt seine große Krise: Pferde werden immer weniger. Und Hufschmiede kaum noch gebraucht. Jetzt steht er vor der Wahl, seinen erlernten Beruf an den Nagel zu hängen oder seine Fähigkeiten anders einzusetzen. Wilhelm Link, nun unterstützt von seinem Sohn Werner, entscheidet sich für Letzteres. Er erkennt eine neue Chance: In der Region boomt die Textilindustrie. Es werden immer mehr Näherinnen eingestellt. Und die brauchen geeignete Stühle. So fertigen Wilhelm und sein Sohn Werner Link von 1961 an industrielle Arbeitsstühle.

Sitz-Marken

»Das ist Change Management«, erklärt Werner Link, der heute zusammen mit seinen Söhnen Joachim und Helmut das Familienunternehmen führt. »Und dieser Haltung sind wir seither immer treu geblieben.« Der Schritt in geschäftliches Neuland zeugt von einer unternehmerischen Haltung, die Veränderungen und gesellschaftlichen Wandel nicht als Bedrohung, sondern als Herausforderung begreift.

4 Marke ›bimos‹ für Industriearbeitsplätze: Laborstuhl ›Labster‹.
›bimos‹ for industrial workstations – the ›Labster‹ laboratory chair.

5 ›Xantos‹ geht in Material und Formensprache neue Wege.
›Xantos‹ explores new materials and forms.

4

5

Eight years later, the headcount had grown to 85 and sales to 12.5 million Deutschmarks. In 1996 the brand name was also adopted for the company itself.

The company increasingly aligned itself with designer furniture. A milestone was ›Xantos‹ an office chair launched in 2000 that explored totally new avenues in materials and form and that met with great success. Xantos belongs to the ›interstuhl‹ brand that has become synonymous with innovative seating solutions for the modern office. ›Silver‹ which attracted a lot of attention, winning design prizes even before it came to market in 2004, is another prime example. The formal language of this office chair is very different to others. The goal was to make the technical sophistication of ›Silver‹ invisible and achieve the poetic level of perfect sitting,« explains the architect and designer, Hadi Teherani.

Interstuhl also offers specialized seating solutions for working beyond the office desk. Its ›bimos‹ brand has made the company the undisputed provider of seating for industrial work stations. What began in 1961 with the first chairs designed for the special needs of seamstresses has developed into a wide product portfolio: from work stations to the ESD family of chairs for cleanrooms. Practical solutions for practical applications. The latest product is ›Labster‹ which the company calls the first genuine laboratory chair in the world, developed in close cooperation with the Fraunhofer Institute.

Beyond the chair

Today Interstuhl is not only a chair manufacturer but an idea foundry. The seating specialists have the courage to question accepted practice

Vier Jahre später macht das Unternehmen – jetzt bereits mit zehn Mitarbeitern – einen Umsatz von einer Million Mark. 1967 wird die Marke Interstuhl geschaffen. Acht Jahre später ist die Mitarbeiterzahl auf 85 und der Umsatz auf 12,5 Millionen Mark angewachsen. 1996 wird der Markenname Interstuhl auch zum Firmennamen.

Das Unternehmen richtet sich nun zunehmend designorientiert aus. Ein Meilenstein ist dabei 2000 der Bürostuhl ›Xantos‹, der in Material und Formensprache neue Wege geht und sehr erfolgreich wird. Er gehört zur Marke ›interstuhl‹, die für gut gestaltete, innovative Sitzlösungen für das moderne Büro steht. Das zeigt sich besonders auch bei ›Silver‹, der bereits vor seiner Markteinführung 2004 mit Designpreisen ausgezeichnet wird und für Aufsehen sorgt. Der Bürostuhl unterscheidet sich formal sehr stark von anderen.

»Ziel war, die technische Komplexität von ›Silver‹ unsichtbar werden zu lassen, die poetische Ebene perfekten Sitzens zu erreichen«, erklärt der Architekt und Designer Hadi Teherani.

Auch für Arbeiten jenseits des Schreibtisches bietet Interstuhl spezialisierte Sitzlösungen an. Mit der Marke ›bimos‹ zählt das Unternehmen heute in Europa zu den unangefochtenen Marktführern für Industriearbeitsplätze. Was 1961 mit den ersten Arbeitsstühlen für die Textilnäherinnen angefangen hat, hat sich heute zu einem breiten Produktprogramm entwickelt: von Werkerarbeitsplätzen über das ESD-Stuhl-Programm bis zur Reinraumbestuhlung. Hier gilt das Prinzip: aus der Praxis für die Praxis.

Jüngstes Produkt ist ›Labster‹, den das Unternehmen den »ersten echten Laborstuhl der Welt« nennt, und der in enger Zusammenarbeit mit dem Fraunhofer Institut entwickelt worden ist.

6 Der Bürostuhl ›Silver‹ bietet innovative Sitzlösungen.
The ›Silver‹ office chair offers innovative seating solutions.

7 Der Messestand von Interstuhl auf der Orgatec 2006.
Exhibition stand from Interstuhl at Orgatec 2006.

8 ›Silver‹ – von Hadi Teherani – mit vielen Designpreisen ausgezeichnet.
›Silver‹ – from Hadi Teherani – winner of many design awards.

6

7

and venture into new territory. This is evident for example in the Interstuhl ergonomics concept which it developed in association with the Fraunhofer Office Innovation Center, resulting in publication of the award-winning book, ›Über den Stuhl hinaus oder Früher sagte man dazu Ergonomie‹. Much of the literature on ergonomics recommends three different sitting postures: the neutral, semi-upright and relaxed position, the upright forward-leaning position, or the relaxed reclining position. However, ideal sitting is not to stay with any one of these three postures but to frequently change your position. This is exactly what Interstuhl chairs, with their numerous adjustable features, promote. Sitting is not a static activity but a dynamic process. At Interstuhl, movement and dynamism are not limited to just sitting, they also extend to its corporate communication. The seating specialists are constantly on the go, refining the company's image and expanding its product portfolio, with a great deal of curiosity and the courage to innovate.

Nowadays the independent owner-operated company is one of Europe's leading chair manufacturers, with over 550 employees and annual sales revenues of over 110 million euro. Interstuhl is based on the Swabian Alb and is enjoying growing export business, which already accounts for 33 percent of its business. German craftsmanship is particularly appreciated abroad In the meantime, Interstuhl is seen as the trendsetter in combining innovative design with sophisticated technology. Its office and workstation chairs are at once particularly comfortable and particularly attractive: in other words, chairs for both »mind« and »behind«.

Über den Stuhl hinaus

Interstuhl ist nicht nur Stuhlschmiede, sondern auch Denkschmiede. So haben die Sitzspezialisten den Mut, gängige Lehrmeinungen in Frage zu stellen und sich in gedankliches Neuland zu wagen. Das zeigt sich beispielsweise im Interstuhl-Ergonomiekonzept, das zusammen mit dem Fraunhofer Office Innovation Center entwickelt und in dem preisgekrönten Buch ›Über den Stuhl hinaus oder Früher sagte man dazu Ergonomie‹ veröffentlicht wurde. In vielen Ergonomie-Publikationen werden drei verschiedene Sitzhaltungen empfohlen: entweder die neutrale, das heißt aufrecht-entspannte Sitzposition oder die aktive, nach vorn geneigte oder die entspannte, nach hinten geneigte. Ideal ist aber vielmehr, sich auf keine der drei Haltungen festzulegen, sondern immer wieder zu wechseln. Genau das fördern die Interstuhl-Stühle mit ihren zahlreichen Verstellmöglichkeiten. Sitzen ist kein statischer, sondern ein dynamischer Prozess. Bewegung und Dynamik ist bei Interstuhl nicht nur beim Sitzen wichtig, sondern auch bei der Unternehmenskommunikation. Die Sitzspezialisten sind stets in Bewegung, um das Firmenprofil, das von innen heraus gewachsen ist, zu verbessern und die Produktpalette zu erweitern, mit viel Neugier und Mut zur Innovation.

Heute hat sich das unabhängige, inhabergeführte Unternehmen zu einem der führenden europäischen Sitzmöbelhersteller entwickelt mit über 600 Mitarbeitern und einem Jahresumsatz von über 110 Millionen Euro. Interstuhl produziert auf der Schwäbischen Alb und liefert immer mehr ins Ausland, mittlerweile 33 Prozent. Gerade dort wird das deutsche Handwerksgut hoch geschätzt. Interstuhl gilt als Wegbereiter innovativen Designs mit hohem technischen Niveau. Seine Büro- und Arbeitsstühle sind besonders bequem und besonders schön – Stühle für das »Sitz-Fleisch« und den »Sitz-Geist« eben.

8

»Unsere Produkte sind das Ergebnis von Kommunikation mit einem langen Austausch von Argumenten.«

—

»Our products are the result of a lengthy discourse.«

Markus Benz

1

BEZIEHUNGEN GESTALTEN
—
VON UNTERNEHMERFAMILIEN, PRODUKTFAMILIEN UND ANDEREN PARTNERSCHAFTEN

DESIGNING RELATIONSHIPS
—
ENTREPRENEURIAL FAMILIES, PRODUCT FAMILIES AND OTHER PARTNERSHIPS

»At the beginning of our cooperation we were looking for traces of history within the company. The ›Jason‹ sofa was born of countless inspiring and intensive conversations many weeks later. It's this depth of communication with the company that time and again leads to new design avenues,« explains the Viennese designer, EOOS, when describing the beginning of a special relationship and partnership.

The inspiration for the ›Jason‹ sofa, still one of the most successful products from Walter Knoll, is its arched backrest. A taut line that offers rest and relaxation. This also applies to the ›Jason‹ chairs developed thereafter with suspended backrests and sprung seats. The result: a chair that is as comfortable as an armchair. With over 30 chairs Jason has now grown into a huge extended family.

The Walter Knoll brand has its origins in a family that goes back generations. The tanner and businessman, Wilhelm Knoll, founded his ›leather business‹ in Stuttgart in 1865 and quickly moved into manufacturing seating furniture. Business boomed and he was appointed supplier to the royal court of Württemberg. As the founding father of the Knoll furniture dynasty passed away in 1907 his sons Willy and Walter took over the company. They were so successful that they opened branches in Vienna and St. Petersburg, engaging famous designers as early as the 1920s.

However, as is so often the case in families, people part ways and brothers become competitors. In 1925 Walter Knoll founded his own chair factory under his own name. Both brothers were extremely successful, making their own particular contribution to modernism. The companies merged 60 years later when Walter Knoll acquired the company Wilhem Knoll in 1985.

»Am Anfang unserer Zusammenarbeit suchten wir im Unternehmen nach Spuren und Geschichten. Viele Wochen später, nach zahlreichen inspirierenden, intensiven Gesprächen entstand dann das Sofa ›Jason‹. Die tiefe Kommunikation mit dem Unternehmen führt immer wieder auf neue Wege«, so schildern die Wiener Designer EOOS den Beginn einer besonderen Beziehung und Partnerschaft.

Inspiration und Idee für das Sofa ›Jason‹ – bis heute eines der erfolgreichsten Produkte von Walter Knoll – ist der gebogene Rücken. Er sorgt für Entspannung durch Spannung. Dies gilt auch für die in der Folge entwickelten ›Jason‹ Stühle mit federndem Rücken und Taschenfederkernen im Sitz. Ergebnis: Der Stuhl ist bequem wie ein Sessel. Über 30 Stuhlvarianten machen Jason inzwischen zu einer richtigen Großfamilie.

Auch die Möbelmarke Walter Knoll hat ihren Ursprung in einer Familie über Generationen. 1865 eröffnet der gelernte Gerber und Kaufmann Wilhelm Knoll in Stuttgart sein ›Leder-Geschäft‹ und nimmt bald die Sitzmöbelproduktion auf. Das Geschäft floriert, er wird Hoflieferant des Württembergischen Königs. Als der Urvater der Knoll Möbeldynastie 1907 stirbt, übernehmen seine Söhne Willy und Walter das Unternehmen. Sie sind so erfolgreich, dass sie Filialen in Wien und St. Petersburg eröffnen. Bereits in den 1920er Jahren beschäftigen sie anerkannte Gestalter. Die wichtigsten Designer gehen bei ihnen ein und aus.

Doch wie es manchmal in Familien so ist: die Wege trennen sich und aus Brüdern werden Wettbewerber. Walter Knoll gründet 1925 eine eigene Polstermöbelfabrik unter seinem Namen. Beide Brüder sind sehr erfolgreich und prägen auf ihre Weise die Moderne. 60 Jahre später werden die Unternehmen wieder miteinander verschmelzen, wenn 1985 Walter Knoll die Firma Wilhelm Knoll übernimmt.

1 ›FK Schalensessel‹ von Preben Fabricius und Jørgen Kastholm.
›FK bucket seat‹ from Preben Fabricius and Jørgen Kastholm.

2 Wilhelm Knoll gründet 1865 sein ›Leder Geschäft‹ in Stuttgart.
Wilhelm Knoll founded his ›leather business‹ in Stuttgart in 1865.

3 Werbung für die ›Vostra‹-Modelle um 1949/1950.
Advertising for the ›Vostra‹ models in 1949/1950.

2

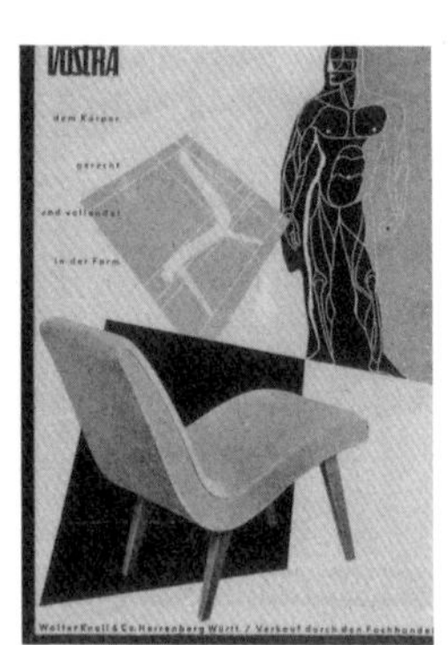

3

Walter Knoll also delivered the seats for the world's first wide-bodied aircraft, the Dornier ›Do X‹. The same holds true for Stuttgart's legendary Weißenhofsiedlung. In 1937 Walter Knoll relocated from Stuttgart to Herrenberg. Walter's son Hans emigrated to New York and founded ›Knoll International‹ with his wife, Florence. Knoll chairs from Marcel Breuer, Ludwig Mies van der Rohe and Eero Saarinen made ›Knoll‹ famous around the globe and set the trend for American office furniture.

However, life for his father back in Germany became more and more difficult by the day with falling disposable incomes, dictatorial design rules, and finally, the outbreak of the Second World War.

Strong family ties

The company was totally destroyed towards the end of the war. The 69-year old Walter Knoll was forced to start all over again. His son in New York provided help and gave his father the ›Vostra‹ model to help rebuild the company. 1,163 copies of this beechwood chair with strap upholstery were sold in the first year. ›Vostra‹, still a very unconventional classic design, became the first high-volume chair of the post-war period. It was launched at the Kölner Werkbund exhibition ›Neues Wohnen‹ in 1949, now an upholstered version, and quickly became synonymous for modern living. Office furniture was added to the program in the 1970s.

In the early 1990s the Company found itself in financial crisis and was searching for a way out. Call it what you will, chance, fate or destiny, but Rolf Benz heard of the company's problems in 1993. Following his business instinct, he seized

Wer in den 1930er Jahren mit dem weltweit ersten Dornier-Großraumflugzeug ›Do X‹ fliegt, sitzt auf Möbeln von Walter Knoll. Genauso wie die Bewohner der legendären Stuttgarter Weißenhofsiedlung. 1937 zieht Walter Knoll von Stuttgart nach Herrenberg. Walters Sohn Hans wandert nach New York aus, wo er mit seiner Frau Florence ›Knoll International‹ gründet. Seine Sitzmöbel von Marcel Breuer, Ludwig Mies van der Rohe und Eero Saarinen machen den Namen Knoll weltweit bekannt und prägen den Bürostil Amerikas.

Für seinen Vater in Deutschland dagegen wird es immer schwieriger: sinkende Kaufkraft, diktatorisch verordneter Geschmack und schließlich der Zweite Weltkrieg.

Starke Familienbande

Während der letzten Kriegsmonate wird die Firma zerstört. Der 69-jährige Walter Knoll muss noch einmal von vorn anfangen. Sein Sohn Hans hilft aus New York und schenkt 1947 seinem Vater zum Wiederaufbau das ›Vostra‹-Modell. Dieser Buchenholzsessel mit Gurtbespannung wird bereits im ersten Jahr 1.163 Mal verkauft. ›Vostra‹, noch heute ein unkonventioneller Klassiker, wird zur ersten großen Sitzmöbelserie der Nachkriegszeit. 1949 wird er auf der Kölner Werkbundausstellung ›Neues Wohnen‹ gezeigt, nun als gepolsterte Ausführung, und avanciert zum Synonym für modernes Wohnen. Seit den siebziger Jahren gehören auch Büromöbel zum Programm.

Anfang der 1990er Jahre gerät das Unternehmen in wirtschaftliche Schwierigkeiten und sucht seinen Ausweg. Man mag es Zufall, Schicksal oder Fügung nennen: 1993 erfährt Rolf Benz im Rotary Club von den Problemen der Firma. Mit seinem unternehmerischen Instinkt erkennt er die Chance und kauft Walter Knoll. Damit verbinden sich eines der ältesten Polstermöbelunternehmen Deutschlands mit einer der agilsten Möbel-

4 ›Classic Edition 369‹, 1956 von Walter Knoll entwickelt.
›Classic Edition 369‹, developed by Walter Knoll in 1956.

5 Der ›FK Schalensessel‹ steht für klassisches Design.
The ›FK bucket seat‹ is an example of classical design.

4

5

the opportunity and bought the company, thus combining one of the oldest chair manufacturers in Germany with one of most dynamic furniture dynasties of the 20th Century. Markus Benz, the oldest son of Rolf Benz and a lawyer with a background in real estate took over the management.

The recipe of his success: communication, relationships and networking. No surprise, then, that he found the right people to design the right products, such as the three lateral thinkers from EOOS. »We are now like a married couple. We know what the other one wants to say long before he says it,« says Markus Benz.

For EOOS design is a poetic discipline. Relationships and communication play an important role in furniture. For example, the corner bench, ›Together‹. It is the meeting point in the house, a place for the ritual of being together, for chatting, for sharing a meal. Thanks to its sprung upholstery it is remarkably comfortable. The corner seat has not only become popular among design fans but has been one of the most successful products for years.

Relationship between furniture and space

Walter Knoll works very closely with its customers. Often architects want furniture that is specifically designed for their buildings, and often these products result in serial products, such as Norman Foster's design for the Reichstag, Jan Kleihues for the Hôtel Concorde or Ben van Berkel for the Mercedes Benz Museum. The ›Circle‹ sofa was designed specially for the Stuttgart Museum and presented at the Milan Furniture Fair.

Today, Walter Knoll furniture can be found at a large utilities provider in Shanghai, in the Hearst Tower in New York, at Bugatti, Maybach,

macherdynastien des 20. Jahrhunderts. Markus Benz – ältester Sohn von Rolf Benz und Jurist mit Erfahrung im Objektgeschäft – übernimmt die Geschäftsleitung.

Sein Erfolgsgeheimnis: kommunizieren, Beziehungen aufbauen und pflegen. Er setzt auf partnerschaftliche Kommunikation. So findet er auch die richtigen Menschen, die für ihn die richtigen Produkte entwerfen, wie beispielsweise die drei Querdenker von EOOS. »Wir sind mittlerweile wie ein gut eingespieltes Ehepaar: Bevor der eine etwas sagt, weiß der andere längst, was er denkt«, schildert Markus Benz die Zusammenarbeit.

Für EOOS ist Design eine poetische Disziplin. Beziehungen und Kommunikation spielen für Möbel eine wichtige Rolle. Beispielsweise bei der Eckbank ›Together‹: Sie ist der Treffpunkt im Haus – Ort für die Rituale des Beisammenseins, für Gespräche und für gemeinsames Essen. Dank Taschenfederkern bietet sie ungewöhnlichen Sitzkomfort. Die archaische Eckbank findet nicht nur Gefallen bei Designliebhabern, sondern zählt seit Jahren zu den besonders erfolgreichen Produkten.

Beziehung zwischen Möbel und Raum

Walter Knoll arbeitet sehr eng mit seinen Kunden zusammen. Oft kommt es vor, dass ein Architekt Möbel wünscht, die speziell für seine Architektur entworfen und entwickelt sind. Diese Entwürfe münden dann häufig in Serienprodukte, wie bei Norman Foster für den Reichstag, Jan Kleihues für das Hôtel Concorde oder Ben van Berkel für das Mercedes-Benz Museum. Dessen Sofa ›Circle‹ wurde speziell für das Stuttgarter Museum entworfen und schließlich auf der Mailänder Möbelmesse präsentiert.

Heute stehen Walter Knoll Möbel im Energiekonzern in Shanghai, im Hearst Tower in New York, bei Bugatti, Maybach, Porsche, Audi und VW, in der Commercial Bank in Dubai

6 ›Together‹, die neue Interpretation der Eckbank, entworfen von EOOS.
›Together‹, the new interpretation of the corner bench, designed by EOOS.

7 Sofa ›Jason‹ des Wiener Designteams EOOS.
The ›Jason‹ sofa from the Viennese design team, EOOS.

8 Ben van Berkel entwirft das Sofa ›Circle‹ speziell für das Stuttgarter Mercedes-Benz Museum.
Ben van Berkel designs the sofa ›Circle‹ for the Stuttgart Mercedes Benz Museum.

6

Porsche, Audi and VW, the Commercial Bank in Dubai and numerous airport lounges, German Rail (Deutsche Bundesbahn) and many sports arenas. One thing all the products have in common: craftsmanship, top quality materials and excellent design.

Walter Knoll has won over 50 international design prizes since Markus Benz has been in charge. Sales have risen more than sevenfold. A recipe for success where networking is one of the main ingredients.

ebenso wie in den Lounges von Flughäfen, der Deutschen Bundesbahn und zahlreicher Bundesliga-Stadien. Eines haben alle Produkte gemeinsam: beste handwerkliche Verarbeitung, hochwertige Materialien und herausragendes Design.

Seit Markus Benz an der Spitze von Walter Knoll steht, konnte das Unternehmen über 50 internationale Designpreise gewinnen. Der Umsatz hat sich mehr als versiebenfacht. Eine Erfolgsgeschichte, die von Beziehungen getragen wird.

7

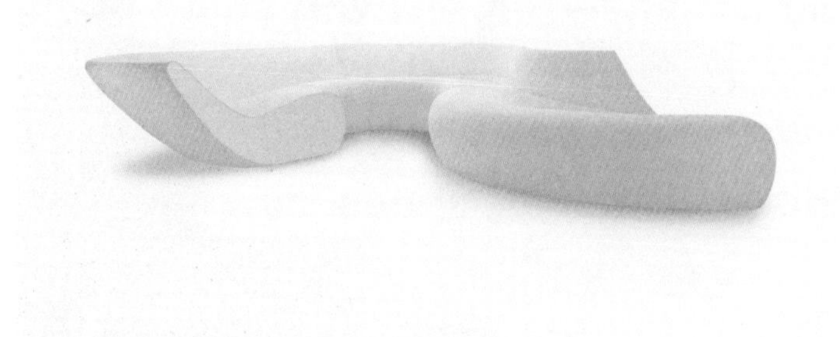

8

»Wir können es nicht verleugnen, wir wollen begehrenswert sein.«

—

»We cannot deny it. We all want to be appealing.«

Steuler Fliesen

1

DIE KETTEN DER MASSAI

—

GEFLIESTE WOHLFÜHLWELTEN

THE CHAINS OF THE MASSAI

—

THE FEEL-GOOD FACTOR OF TILES

Seven o'clock in the morning: her gaze falls from the mirror to the wall. The tiny pearls seem to hang in a dense curtain of endless threads in warm tones ranging from nutmeg gold, sienna brown, sand beige, midnight black to fire-engine red. Sometimes four to five chains next to each other in the same color, sometimes just one, two, three, then the next and the next. Her thoughts take her back to Africa, submerging her in the warmth and joy of the continent and its intense and saturated colors. Slowly she passes her fingers over the pearls.

At the same time, Sabrina Peters caresses the image she is transferring to the tile. It has to fit perfectly. Pearls are the motif – yet they are still totally flat at this stage. Before firing, glass granulate is applied to the tiles using screen printing techniques. The beaded structure appears when they come out of the kiln. It is called ›Wild Thing Massai‹ and is just one of a number of unusual tile designs from Steuler tiles in Mühlacker. The design leader among tile manufacturers is always good for a surprise and has made a name for itself with radical innovations.

And tiles were not even its first product. In fact, they could not have been further from Georg Steuler's mind when he developed the first acid-resistant cement, laying the foundation for Steuler Industriewerke in Höhr-Grenzhausen. However, when he was offered the opportunity to acquire a ceramics producer in Mühlacker in 1916, he seized the chance. The former owner had failed, pursing a flawed concept of producing wall tiles from clay and sawdust. Nevertheless, Georg Steuler, who had beforehand concentrated solely on acid protection solutions for the construction industry, made the transition to manufacturing

Sieben Uhr morgens: Ihr Blick fällt vom Spiegel auf die Wand. Die kleinen Perlen scheinen auf endlos langen Schnüren aufgefädelt und dicht nebeneinander an der Wand zu hängen. In warmen Tönen: muskat-gold, erdig-braun, sand-beige, nachtschwarz, paprika-rot. Mal sind es vier bis fünf Ketten in einer Farbe nebeneinander, mal zwei, drei, mal nur eine, dann die nächste und die nächste. In ihren Gedanken ist sie wieder in Afrika, taucht ein in die Wärme und Lebensfreude dieses Kontinents und in die Farben, die nirgendwo üppiger und satter sind. Langsam fährt sie mit ihren Fingerspitzen über die erhabenen Perlen.

Zur gleichen Zeit fährt Sabrina Peters mit ihren Fingerspitzen über das Abziehbild, das sie auf die Fliese aufzieht. Es muss millimetergenau sitzen. Das Motiv sind Perlen – aber noch ganz plan. Beim Siebdruck wird durch ein Sieb Glasgranulat auf die Fliese aufgebracht. Dann wird sie gebrannt. Wenn sie aus dem Ofen kommt, hat die Fliese eine erhabene Struktur, die sich wie Perlenketten anfühlt. Sie heißt ›Wild Thing Massai‹ und ist eine von zahlreichen außergewöhnlichen Fliesenkollektionen von Steuler Fliesen in Mühlacker. Der Designführer unter den Fliesen-Herstellern überrascht immer wieder mit ungewöhnlichen Innovationen und hat sich damit einen großen Namen gemacht.

Dabei hat es gar nicht mit Fliesen angefangen. Georg Steuler denkt gar nicht an so etwas, als er 1908 den weltweit ersten säurebeständigen Kitt erfindet und damit den Grundstein für die Steuler Industriewerke in Höhr-Grenzhausen legt. Als er 1916 aus einer Konkursmasse ein Industrieunternehmen für Ziegelprodukte in Mühlacker angeboten bekommt, greift er zu. Der Vorbesitzer war mit seiner Idee, aus Ton und Sägemehl Wandfliesen zu produzieren, gescheitert. Nichts desto trotz stellt Georg Steuler, der sich bis dato ausschließlich mit Säure-

2

3

1 Die Fliesenserie ›Wild Thing Massai‹, inspiriert vom traditionellen afrikanischen Perlenschmuck.
The tile series ›Wild Thing Massai‹, inspired by traditional African bead jewellery.

2 Die Jugenstil-Fliesen werden in Handarbeit hergestellt.
The art-deco tiles are hand-made.

3 Spektakuläre Designs durch innovative Technik: Mit Hochdruck-Wasserstrahl können Muster in Fliesen geschnitten werden.
Spectacular designs on the basis of innovative technology. A water-blasting technique is used to cut patterns in the tiles.

traditional tiles from clay minerals. At first white glazed tiles were produced, often painted or designed with copper-print motives, including a very beautiful art deco series.

In the Second World War the national socialists stopped supplying the factory with coal. Tile production had to be discontinued in favor of fireproof ceramics for the steel industry. Tile production was only recommenced in 1952 after Norbert Steuler, the son of Georg Steuler, had spent four years producing dinnerware and coffee cups. Norbert badly needed experienced specialists and found them among the refugees from the Silesian pottery region centered on Bünzlau (now Boleslawiec in Poland).

The right decision

Triggered by the explosion in building activity, the Mühlacker plant switched entirely to tile production by the end of the 1950s. Steuler Fliesen was an extremely innovative company, even back then. For example, the first spray dryers in Germany were used to produce the pressed body of the tiles – a quantum leap in terms of the reliability and quality of production. In 1969/70 Steuler installed the first rapid fire kilns which greatly increased throughput times. This gave the company a decisive competitive edge. Due to its special glazing technique, the unique ›Opera‹ range was sold in great quantities and at high prices.

However, in the middle of the 1970s Italian competitors with much more advanced roller kilns moved into the market. Italian designs and unusual formats came to dominate the market. The first oil crisis and ensuing inflation did the rest to ruin the operation. At the end of the 1970s Steuler was forced to thoroughly restructure its

schutzbau beschäftigt hat, auf die traditionelle Herstellung von Fliesen aus ausschließlich mineralischen Stoffen um. Es werden vorwiegend weißscherbige Fliesen produziert, oft bemalt oder mit Kupferdruck-Motiven gestaltet – dabei auch sehr schöne Jugendstilserien.

Im Zweiten Weltkrieg stoppen die Nationalsozialisten die Kohlebezüge für das Werk, die Fliesenproduktion muss eingestellt und feuerfestes Keramikmaterial für die Stahlindustrie geliefert werden. Erst 1952 nimmt Norbert Steuler, Sohn von Georg Steuler, die Fliesenproduktion wieder auf, nachdem er ab 1948 erfolgreich begonnen hatte, Kaffee- und Speisegeschirr herzustellen. Dafür suchte er sich erfahrene Fachleute, die er unter Flüchtlingen aus der schlesischen Töpfergegend um Bünzlau fand.

Goldrichtige Entscheidung

Ausgelöst durch den rasant ansteigenden Bauboom stellt man in Mühlacker ab Ende der 1950er Jahre ausschließlich Fliesen her. Steuler Fliesen zeigt sich schon damals als sehr innovatives Unternehmen. So werden hier die in Deutschland ersten Sprühtrockner zur Herstellung der Fliesen-Pressmasse aufgestellt – ein Quantensprung in der Produktionssicherheit und Qualität. 1969/70 setzt Steuler die ersten Einbrand/Schnellbrandöfen ein, die die Durchlaufgeschwindigkeit erheblich erhöhen. Damit sichert sich das Unternehmen einen Wettbewerbsvorsprung. Die wegen ihrer besonderen Glasurtechnik einmalige Fliesenserie ›Opera‹ wird hochpreisig in großen Mengen verkauft.

Aber Mitte der 1970er Jahre kommt die Konkurrenz aus Italien. Deren moderne Rollenöfen sind weit überlegen. Italienische Designs und ausgefallene Formate dominieren den Markt. Die erste Energie-Krise mit ihren starken Preisanstiegen tut

4

5

4 Hochdruck-Wasserstrahl ermöglicht wellenförmige Fliesen: Serie ›Flow‹.
The ›Flow‹ series: water-blasting technology cuts wave patterns.

5 Die keramischen Poster, wie hier ›Marilyn Monroe‹, werden im Siebdruck hergestellt.
The ceramic posters, like ›Marilyn Monroe‹ pictured here, are screen-printed.

tile division. This involved converting to roller kilns, reducing the production volume, retreating from the cheap high-volume end of the market and concentrating on high-price segments with, most importantly, a radically new product portfolio. At the beginning of the 1980s when beige and moss colored tiles with floral designs dominated the market, Steuler dared to break out in a bold new direction. And this proved to be exactly the right decision: white tiles with graphic designs – colorful lines, dashes and dots. The series appeared under the name of ›Das Junge Bad‹ (the young bathroom). The most famous in the line was ›Miko‹, decorated with colorful sticks. It was a recipe for success and sales boomed.

Spectacular designs

From then on the designs and technological innovations became ever more spectacular. For example, Steuler was the first to develop tiles with cut surfaces to hold all kinds of decorative appliqués, such as cast ceramics, wood, stainless steel, even plastic. This was made possible by a precision laser that had only been used in metalworking trades to that date. In 1990 ›Surfin‹, one of the most successful series ever, was launched on the market. This range included various cut patterns and colors.

Later, water blasting techniques were added which resulted in ›Flow‹, a series of wavy tiles. Steuler quickly grew into one of the most innovative tile manufacturers in Germany, using unusual and difficult formats, such as 40 x 70 cm, that no other manufacturer dared to attempt. Ceramic posters in large formats followed with artist editions from Andy Warhol, Kitty Kahane, Picasso or Janosch. Steuler was also the first to illuminate

das Übrige. Steuler sieht sich gezwungen, Ende der 1970er Jahre den Unternehmensbereich Fliesen grundlegend zu sanieren: Umstellung auf energiesparende Rollenöfen, Verringerung der Fliesenmengen, weg vom preiswerten Massenbereich, hin zum hochwertigen Markt. Und das Wichtigste: ein völlig neues Fliesenprogramm. In einer Zeit, in der beigefarbene und moosgrüne Fliesen mit Blümchendekors den Markt und die Bäder beherrschen, wagt es Steuler Anfang der 1980er Jahre, ganz neue Wege zu gehen. Und diese Entscheidung erweist sich als goldrichtig. Weiße Fliesen mit grafischen Designs – bunten Linien, Strichen und Punkten. Die Serien erscheinen unter dem Namen ›Das Junge Bad‹. Die bekannteste ist ›Miko‹ mit buntem Stäbchendekor. Es ist ein Erfolgsrezept. Die Umsätze entwickeln sich rasant nach oben.

Spektakuläre Designs

Von da an werden die Design- und Technik-Innovationen immer spektakulärer. So entwickelt Steuler als weltweit erster 1987 Fliesen, in die Öffnungen geschnitten werden, die Einlegeschmuckteile aller Art erlauben, zum Beispiel aus gegossener Keramik, aber auch aus Holz, Edelstahl und Kunststoff. Möglich ist das mit einem Hochleistungslaser, der bis dahin nur in der Metallverarbeitung bekannt ist. 1990 kommt ›Surfin‹ – eine der erfolgreichsten Serien – auf den Markt. Sie besteht aus vielen verschiedenen Schnittdekors und Farben.

Später kommt die Bearbeitung mit Hochdruck-Wasserstrahl dazu, die ›Flow‹, eine wellenförmig geschwungene Fliesenserie, hervorbringt. Und Steuler entwickelt sich schnell zum innovativsten deutschen Fliesenhersteller. Ungewöhnliche Formate, wie 40 x 70 cm, die schwer zu produzieren sind und an die sich andere Hersteller erst gar nicht wagen. Keramische Poster im Großformat für Künstlereditionen von Andy Warhol,

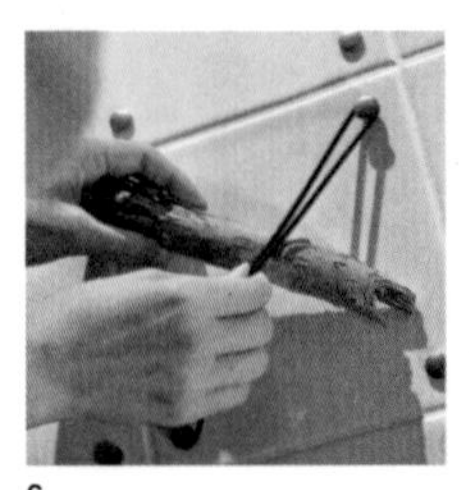

6

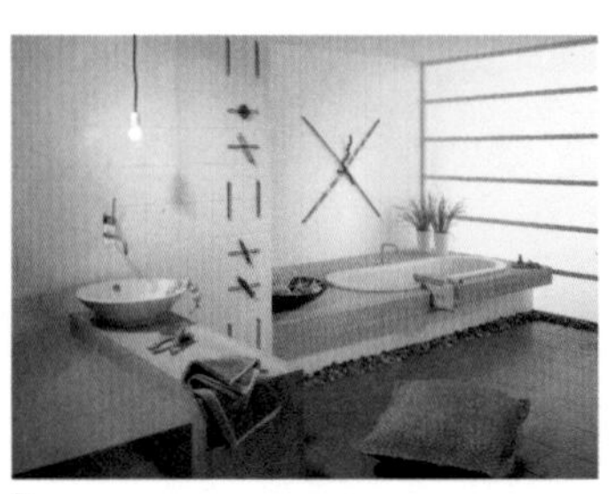

7

6 Sein Bad nach Belieben selbst gestalten: Serie ›Freestyle‹.
Designing your own bathroom: the ›Freestyle‹ series.

7 Das Bad als Wohlfühlwelt und Oase der Ruhe.
The bathroom as a haven of peace and tranquility.

8 Steuler bringt Fliesen erstmalig zum Leuchten: mit integrierten LED-Bändern.
Steuler is the first to light up its tiles with integrated LED strip lighting.

9 Fliesen mit Charme und Witz: ›Bad Piraten‹ erobern das Junge Bad.
Tiles with charm and wit: ›Bathroom pirates‹ conquer the bathroom.

its tiles with integrated LED strips and elements. Ten to twenty new series are launched each year. Steuler continues to surprise the market with its innovations and instinct for design trends, such as Animalprint at ›Wild Thing Daktari‹, concrete tiles or tiles with a crystal look.

Or ›Freestyle‹, with which anyone can redesign their bathroom at will, simply by rearranging the chrome buttons and silicon strips to create their own designs. Extremely successful series, such as ›Quaaak‹, ›Little Artists‹ or ›Bad Piraten‹ address the young persons' market. Unusual glazing techniques, such as ›Lounge‹, which looks like glass, are just as surprising, as is ›Origami‹, three dimensional paper art as ceramic tile. The fact that their tiles have won numerous design prizes is merely the logical conclusion.

The human need to decorate the surroundings is as old as humanity itself. Some have attempted to repress the urge, such as Adolf Loos in his seminal essay, ›Ornament is Crime‹, but it has not died by any means. At the beginning of the 21st Century, the rediscovery of ornament can no longer be overlooked, for it is not just a fad, but an aesthetic need to see and touch.

With sales of 293 million euro in 2007, the Steuler Group has reconfirmed that it is still growing. In its tile division, the Company produces a total volume of approx. 20 million m² of wall and floor tiles at its four German locations per year.

Steuler Design has become a synonym for unusual design concepts and is enjoying very high sales, particularly in the USA and Eastern Europe. And all of it ›Made in Germany‹.

Kitty Kahane, Picasso oder Janosch. Steuler ist auch der Erste, der Fliesen leuchten lässt – mit integrierten LED-Bändern und -Elementen. Zehn bis zwanzig neue Serien sind es pro Jahr. So überrascht Steuler Fliesen immer wieder mit aufsehenerregenden Innovationen und einer sehr guten Nase für Trends, beispielsweise mit Animalprint bei ›Wild Thing Daktari‹, Betonfliesen oder Fliesen mit Kristalloptik.

Oder mit ›Freestyle‹, bei dem sich jeder täglich sein Bad neu gestalten kann, denn mittels Chromknöpfen und Silikonbändern lassen sich beliebige Dekorationselemente selbst anbringen. Sehr erfolgreiche Serien, wie ›Quaaak‹, ›Little Artists‹ oder ›Bad Piraten‹ erobern das ›Junge Bad‹. Ungewöhnliche Glasurtechniken, wie ›Lounge‹, das wie Glas wirkt, überraschen ebenso wie ›Origami‹, – zu Fliese gewordene dreidimensionale Papierfaltkunst. Es ist nur logische Konsequenz, dass die Fliesen auch zahlreiche Designpreise holen.

Das Bedürfnis sich mit Ornamenten zu umgeben, ist fast so alt wie die Menschheit. Einige haben zwar versucht, es zu verdrängen, – wie Adolf Loos mit seiner Schrift ›Ornament und Verbrechen‹ –, aber es lebt immer weiter. Mit Beginn des 21. Jahrhunderts ist die Wiederentdeckung des Ornamentalen im Design nicht mehr zu übersehen, denn es ist kein historischer Stil sondern ein ästhetisches Bedürfnis: sichtbar und fühlbar.

Mit einem Umsatz von 293 Millionen Euro bestätigt die Steuler-Gruppe 2007 weiterhin den Aufwärtstrend. Sie fertigt in ihrem Unternehmensbereich Fliesen an vier deutschen Standorten moderne und exklusive Wand- und Bodenfliesen mit einem Gesamtvolumen von circa 20 Millionen m² pro Jahr.

Steuler Design ist zum Synonym für ungewöhnliche Gestaltungskonzepte geworden und findet reißenden Absatz vor allem auch in den USA und den jungen osteuropäischen Märkten. Und das alles ›Made in Germany‹.

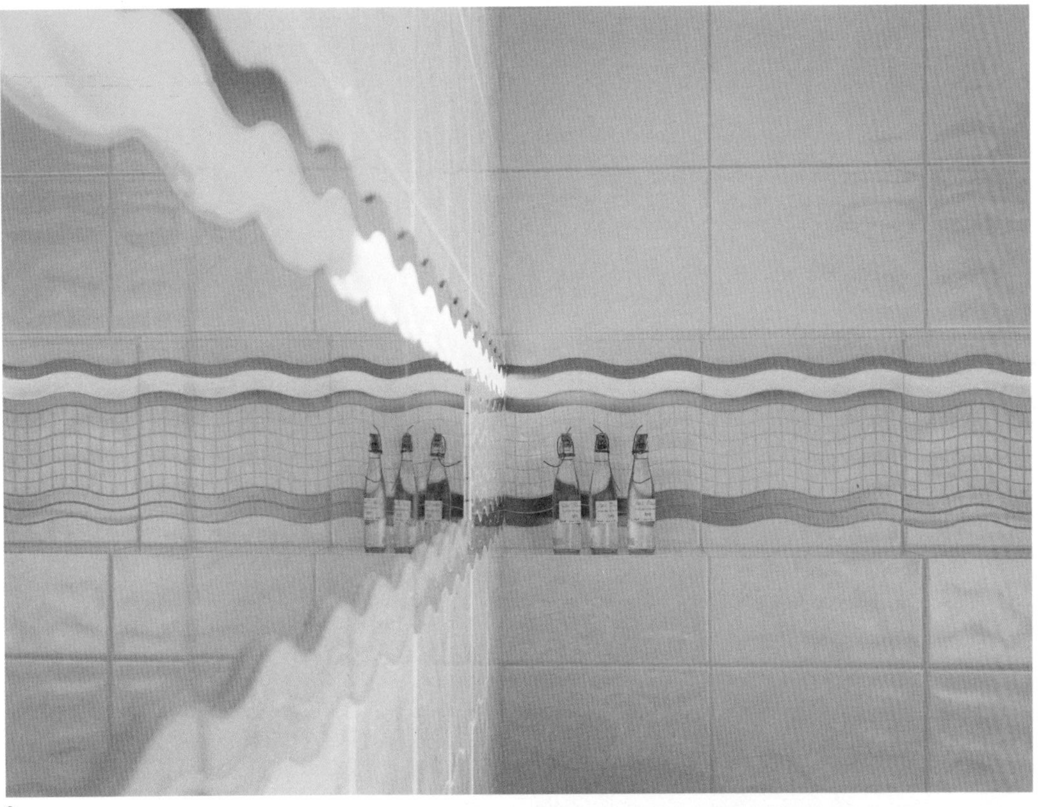

8

9

1

»… dann muss die Säge eben zum Baum.«

—

»… then the saw must move to the tree.«

Andreas Stihl

ALLE MÄNNER LIEBEN CONTRA
—
LEICHTER ARBEITEN IM WALD

ALL MEN LOVE CONTRA
—
EASY WORK IN THE FOREST

When Contra first came on the market it looked radically different to its peers. But not only did it look different, it was different: much lighter, faster and far more powerful. That was in 1959.

Like its relatives, its preferred home was in the forest. Its sharp teeth bit into wood voraciously yet safely. Contra, as its name implies, was a revolutionary, breaking with the tradition of older generations. This quickly made it the champion of chainsaws. Whoever laid hands on it was won over. It had a good heritage: from the house of Stihl. Contra was a chainsaw that put all predecessors in the shade.

Andreas Stihl founded A. Stihl Maschinenfabrik in Stuttgart in 1926. Initially, the company manufactured furnaces and washing machines. Beforehand, the engineer had worked as an advisor on the steam engines which were commonly used in sawmills in those days. He had seen how hard it was to move the log to the stationary saw. Wondering how the work could be more simply performed in the forest, he came to the conclusion that »... the saw must move to the tree,« thus hitting upon the idea of a portable chainsaw. That was in 1923. In 1926 he built the first electric chainsaw: 46 kilograms and a six-hp motor. It was used at bucking stations in the forest and needed two men to operate. Forestry work suddenly became simpler.

Over the years, Stihl has constantly refined its chainsaws. Automatic chain lubrication, centrifugal clutch, cutting chains – these are just some of the innovations that have made forestry work easier and safer.

In 1950 the first one-man gasoline-powered chainsaw was launched with a swiveling carburetor. Its 16 kg made it a veritable lightweight. The

Als Contra zum ersten Mal erscheint, sieht sie ganz anders aus als ihre Artgenossinnen. Aber nicht nur das, sie ist auch ganz anders: Sie ist viel leichter, dafür aber umso schneller und kräftiger. Das ist 1959.

Ihr bevorzugter Aufenthaltsort ist wie bei ihren Verwandten der Wald. Mit ihren scharfen Zähnen beißt sie sich schnell und sicher in Bäume. Contra – nomen est omen – ist eine Revolutionärin. Sie macht nichts so wie ihre Ahnen. Schon bald wird sie zum Champion unter ihresgleichen. Wer sie einmal kennen gelernt hat, zieht sie ihren Artgenossinnen vor. Sie stammt aus gutem Hause – aus dem Hause Stihl. Contra ist eine Motorsäge, die ihre Vorgängermodelle in den Schatten stellt.

Andreas Stihl gründet 1926 in Stuttgart die A. Stihl Maschinenfabrik. Dort werden zunächst Vorfeuerungsanlagen und Waschmaschinen gefertigt. Zuvor ist der Maschinenbau-Ingenieur auch als Sachverständiger für Dampfmaschinen tätig, die damals häufig in Sägewerken eingesetzt sind. Er erlebt, wie hart die Arbeit dort ist, weil die Baumstämme zu den stationär montierten Sägen gebracht werden müssen. Da denkt er sich »es muss doch einen Weg geben, die Arbeit im Wald einfacher zu machen.« Er kommt zu dem Schluss »...dann muss die Säge eben zum Baum.« Und auf die Idee, eine tragbare Motorsäge zu entwickeln. Das ist 1923. So baut er 1926 die erste Motorsäge mit Elektromotor: 46 Kilogramm schwer und sechs PS Leistung. Sie wird auf sogenannten Ablängplätzen eingesetzt – dort werden Stämme in Stücke geschnitten – und muss noch von zwei Männern bedient werden. Mit ihr beginnt sich die Forstarbeit zu vereinfachen.

Über die Jahre werden die Motorsägen von Stihl ständig weiterentwickelt. Automatische Kettenschmierung, Fliehkraftkupplung oder Sägekette sind nur einige der Innovationen, die die Arbeit im Wald leichter und sicherer machen.

1 Der Firmengründer Andreas Stihl und seine Contra.
The founder, Andreas Stihl, and his Contra.

2 Die erste Motorsäge von Stihl, 1926: eine elektrische Zweimannsäge, 46 Kilo schwer.
The first power saw from Stihl, an 46 kg electric two-man saw from 1926.

3 Zwei der ersten elektrischen Zweimannsägen im Einsatz.
Two of the first electric two-man saws in use.

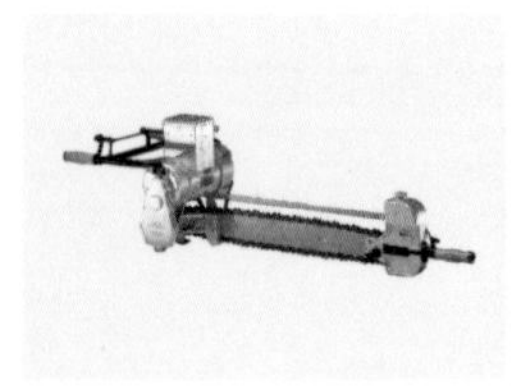

2

3

swiveling carburetor enabled both felling and bucking work. The diaphragm carburetor used in aero engines allowed the chainsaw to work in all positions without the operator having to manually swivel the carburetor. This in turn led to the development of the one-man chainsaw at the end of the 1950s which is so common today.

Contra wins the market

Contra appeared in 1959. With Contra, the era of motorized forestry work was now well and truly established worldwide. »Contra was the first truly competitive gearless chainsaw on the market,« explains Hans Peter Stihl, the son of Andreas Stihl and the current manager of the firm. This meant substantial weight-savings. To that date all chainsaws were equipped with a gear drive. Its weight of just 12 kg and 6 hp made Contra so popular that over 200,000 units were sold in just the first two years. Freight planes had to be chartered to meet the huge demand, particularly in the USA and Canada, where the saw went under the name of ›Lightning‹. Twelve years later, Stihl was still the biggest selling chainsaw worldwide.

Contra revolutionized the design and ergonomics of chainsaws, which have not changed markedly since. Instead of the pointed tooth chain used to date, it used a cutting tooth chain. This significantly increased cutting speeds, improving productivity immensely.

Forestry workers benefited twice over: lighter work and heavier purses as tariffs did not catch up with the huge productivity gain from the one-man chainsaw until well into the 1990s.

The wave of trendsetting innovations from Stihl continued unabated. The anti-vibration system was launched in 1964, for instance. This

1950 kommt die weltweit erste Einmann-Benzinmotorsäge mit schwenkbarem Vergaser auf den Markt. Mit ihren 16 Kilogramm ist sie fast schon ein Leichtgewicht. Durch ihren Schwenkvergaser kann die Säge sowohl zum Fällen als auch zum Ablängen eingesetzt werden.

Erst der im Flugzeugbau entwickelte lageunabhängige Membranvergaser – auch Flieger-Vergaser genannt – ermöglicht es, die Motorsäge in allen Arbeitspositionen einzusetzen, ohne dass der Vergaser manuell geschwenkt werden muss. Das führt zur Entwicklung der heute gebräuchlichen Ein-Mann-Motorsäge (EMS) am Ende der 1950er Jahre.

Contra setzt sich durch

1959 kommt Contra. Mit ihr setzt sich die Motorisierung der Waldarbeit auf der ganzen Welt endgültig durch. Denn Contra ist »die erste wirklich konkurrenzfähige getriebelose Motorsäge auf dem Markt«, so Hans Peter Stihl, Sohn von Andreas Stihl und heutiger Firmenchef, wodurch Gewicht eingespart wird. Bis dahin waren alle Motorsägen mit einem Getriebe ausgerüstet. Mit ihren nur 12 Kilogramm Gewicht und sechs PS Leistung wird Contra so beliebt, dass sie sich allein in den ersten beiden Jahren 200 000 mal verkauft. Es müssen eigens Frachtflugzeuge gechartert werden, um die große Nachfrage vor allem aus den USA und Kanada, wo sie wie ein Blitz einschlägt, – dort heißt sie übrigens ›Lightning‹ (Blitz) – zu erfüllen. Und zwölf Jahre später ist Stihl sogar die meistverkaufte Motorsägenmarke weltweit.

Contra revolutioniert und prägt bis heute das Aussehen und die Ergonomie der bis dato gebauten Motorsägen. Sie besitzt statt der bisher gebräuchlichen Spitzzahnkette eine Hobelzahnkette. Dadurch kann sie wesentlich schneller schneiden, was die Arbeitsproduktivität deutlich erhöht.

4

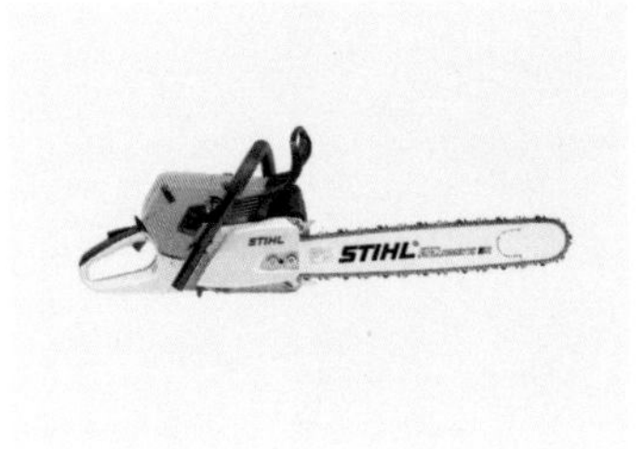

5

4 Mit der legendären Contra, nur noch 12 Kilo schwer, setzt sich die Motorisierung der Waldarbeit durch, 1959.
The legendary Contra weighed only 12 kg, a huge step in the motorization of forest work in 1959.

5 Beginn einer neuen Motorsägen-Generation: Die ›MS 441‹, 2006.
The beginning of a new generation of chainsaws: the ›MS 441‹, 2006.

innovation dampened vibrations from the saw which had been a constant source of Raynaud's phenomenon, an occupational disability that particularly afflicts forestry workers.

In 1972 the ›Quickstop‹ chain brake was launched. This safety measure is activated by the front hand guard which brings the chain to a stop within a second of a kick-back. One year later, the heated handle was introduced to further enhance handling, even in cold weather.

The E-Matic System developed in 1987 reduces the consumption of chain oil, leading to lower operating costs and more environmentally friendly operation. In 1988 Stihl launched the first two-stroke chainsaw equipped with a catalytic converter. This reduces the volume of hydrocarbons in the exhaust by up to 80%.

The ›MS 441‹, launched in 2006, marked the start of a new generation of chainsaws: more powerful, lower weight, easier on the environment, more economic, and comfortable in use. It already meets the strict emission limits set by the EU for 2012, using 20% less fuel. The low vibration handle combined with the carburetor mounting and comfort-chain minimize vibration, even at high speeds. This greatly eases the work.

›Hot Saw‹ – not for wimps

Stihl's commitment to forestry work is also evident in other fields. ›Hot Saw‹ is not the title of some horror movie but the chips fly nonetheless. The fastest men can saw three discs from a trunk in less than seven seconds. The tuned machines are powered by motorbike or snowmobile engines and can achieve chain speeds of 240 km/h. Weighing in at 27 kg it takes a very strong man to use them, a man who can control 60 hp.

Die Waldarbeiter freuen sich gleich doppelt: leichtere Arbeit und schwerere Geldbörsen. Denn durch die Ein-Mann-Motorsägen wird die Produktivität bei der Holzernte erheblich gesteigert, worauf die Tarife noch nicht abgestimmt sind. Bis in die 1990er Jahre wird die Holzernte grundsätzlich im Gedinge, das heißt im Gruppenakkord, entlohnt.

Bei Stihl folgen weitere zukunftsweisende Innovationen. So kommt etwa 1964 das Antivibrationssystem auf den Markt. Damit lassen sich Vibrationen abschwächen. Denn gerade durch diese kann es bei den Waldarbeitern zu Durchblutungsstörungen kommen – eine auch als ›Weißfingerkrankheit‹ bezeichnete Berufskrankheit.

1972 kommt die Kettenbremse ›Quickstop‹, die über den vorderen Handschutz ausgelöst wird und so die Sägekette beim Hochschlagen der Motorsäge sekundenschnell zum Stillstand bringt, und ein Jahr später beheizbare Griffe für händeschonendes und sicheres Arbeiten bei Kälte.

Das 1987 entwickelte E-Matic-System reduziert den Kettenölverbrauch, senkt damit die Betriebskosten und verringert die Umweltbelastungen. 1988 bringt Stihl weltweit die erste Zweitakt-Motorsäge mit Katalysator heraus. Dieser reduziert die schädlichen Kohlenwasserstoffe im Abgas um bis zu 80 Prozent.

Mit der ›MS 441‹ startet Stihl 2006 eine neue Motorsägen-Generation, die durch mehr Leistung, niedriges Gewicht, Umweltfreundlichkeit, Wirtschaftlichkeit und Komfort hervorsticht. Sie erfüllt bereits die strengen EU-Abgasnormen von 2012, verbraucht 20 Prozent weniger Kraftstoff. Vibrationsarme Handgriffe kombiniert mit stoßgedämpfter Vergaseraufhängung und Komfort-Sägekette minimieren Vibrationen auch bei hohen Drehzahlen, was für eine spürbare Arbeitserleichterung sorgt.

6

7

6 Wettkampf im Sportholzfällen: Stihl® Timbersports® Series.
Tree-felling competitions: Stihl® Timbersports® Series.

7 ›Hot Saw‹, eine von sechs Disziplinen der Europa- und Weltmeisterschaften.
›Hot Saw‹, one of six disciplines at the European and world championships.

8 Die Motorsäge ›MS 441‹ beim Einsatz im Wald.
The ›MS 441‹ chainsaw in the forest.

9 Heute ist Stihl die Nummer eins der Motorsägenmarken.
Stihl is the top brand in chainsaws worldwide.

›Hot Saw‹ is just one of six disciplines at the ›Stihl® Timbersports® Series‹. The origins of this sport can be found in the forests of Canada, the USA and New Zealand. To test their strength, forestry workers have long organized local competitions in tree-felling. This resulted in competitions at the highest level, initially in the USA and, since 2000, in Europe, where Stihl turned them into a professional event. European and World Championships are held every year.

Stihl is still the global leader in chainsaws and continues to write history in forestry work. The Company is represented in over 160 countries and generates 80% of its sales from exports. Nevertheless, Stihl has remained a family company and still stands for innovation, Swabian inventiveness, German quality, and full service. A history that goes back to a single revolutionary – the Contra.

›Hot Saw‹ – was für starke Jungs

Stihls großes Engagement für die Waldarbeit zeigt sich auch in einem anderen Bereich. ›Hot Saw‹ ist zwar nicht der Titel eines Horrorfilms aber Späne fliegen trotzdem: Starke Männer sägen in Windeseile drei Holzscheiben in einer ganz bestimmten Dicke von einem Holzblock, der schnellste braucht nicht einmal sieben Sekunden. Mit einer Kettengeschwindigkeit von 240 Stundenkilometer und einem Gewicht von 27 Kilogramm fordern diese getunten Maschinen mit Motorrad- oder Schneemobil-Motoren den Männern extrem viel ab. Sie müssen die geballte Kraft von 60 Pferdestärken beherrschen.

›Hot Saw‹ ist eine von sechs sportlichen Disziplinen im Sportholzfällen der ›Stihl® Timbersports® Series‹. Ihre Wurzeln hat sie in den Wäldern Kanadas, der USA und Neuseelands. Um ihre Kräfte zu messen, veranstalten die Waldarbeiter dort lokale Wettkämpfe im Holzfällen. Daraus haben sich Wettbewerbe auf hohem sportlichen Niveau entwickelt, zunächst in den USA und seit 2000 in Europa, wo Stihl sie professionalisiert hat. Jährlich finden Europa- und Weltmeisterschaften statt.

Heute ist Stihl die Nummer eins der Motorsägenmarken und schreibt weiter Geschichte der Waldarbeit. Das Unternehmen ist in über 160 Ländern vertreten und macht über 80 Prozent des Umsatzes auf internationalen Märkten. Dennoch ist Stihl ein Familienunternehmen geblieben und steht gleichermaßen für Innovation, schwäbischen Tüftlergeist, deutsche Markenqualität und einen umfassenden Service. Und angefangen hat es mit einer Revolutionärin – mit Contra.

8

9

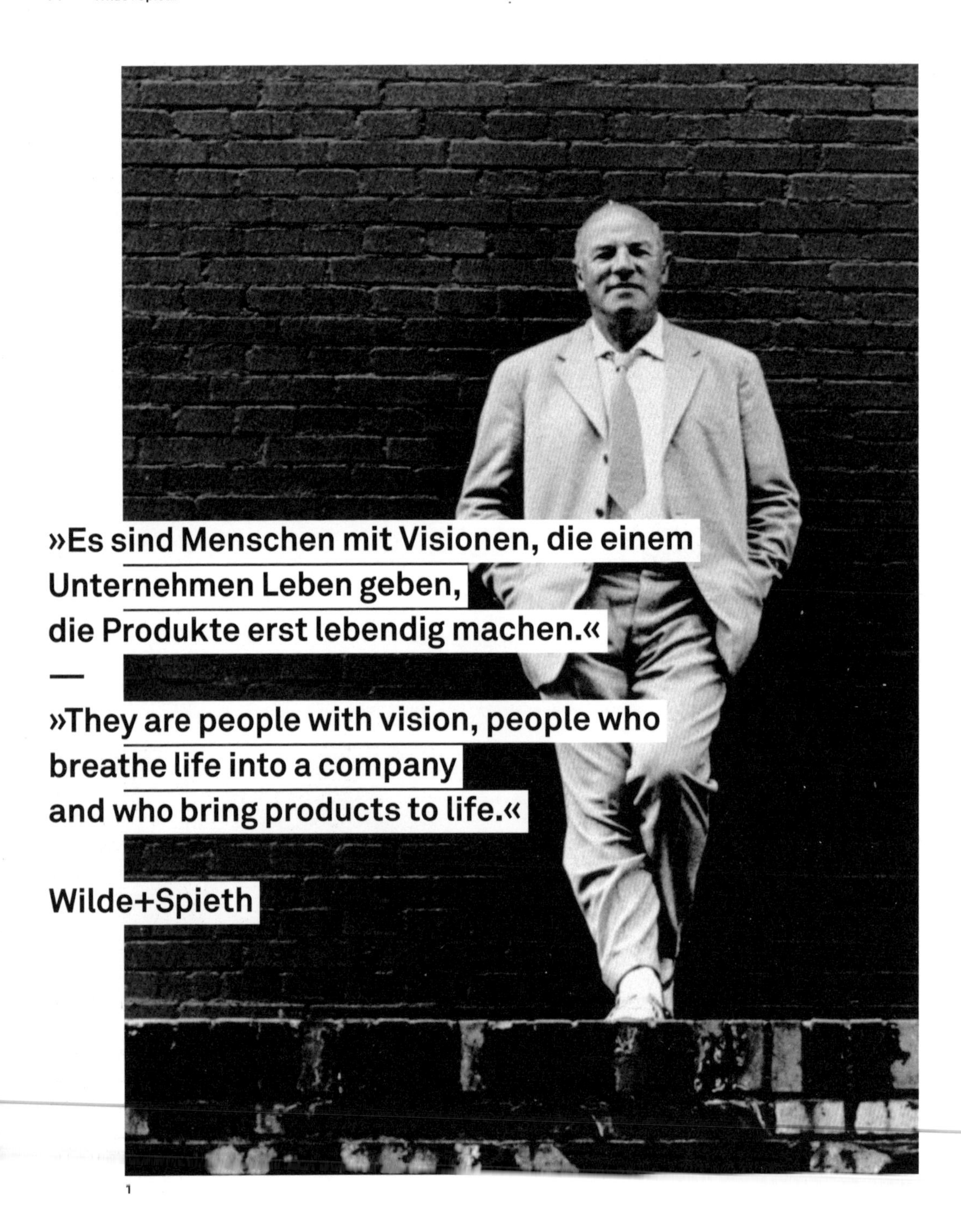

»Es sind Menschen mit Visionen, die einem Unternehmen Leben geben, die Produkte erst lebendig machen.«

—

»They are people with vision, people who breathe life into a company and who bring products to life.«

Wilde+Spieth

1

»KINDERCHEN KÖNNT IHR EIGENTLICH AUCH STÜHLE BAUEN?«

—

EIN UNTERNEHMEN AM WENDEPUNKT

»HEY KIDS, CAN YOU MAKE CHAIRS?«

—

A COMPANY AT THE TURNING POINT

What should a maker of roller shutters say to that? Hesitating briefly, he answered, »Sure,« taking the plunge into a completely new domain without any idea of what he had let himself in for.

Set the clocks back to 1948: currency reform, restoration, huge pent-up demand after the miseries of the war and days of scarcity, famine and black markets. Living space was in short supply. New products and technologies were eagerly sought to cover the excess demand, preferably in serial production. And who was asking the question? No one less than Egon Eiermann, one of Germany's most significant post-war architects and designers. Within the year, Eiermann and the former roller shutter manufacturer, Wilde+Spieth, had embarked on something radically new: the serial manufacture of furniture – Eiermann's formed plywood chairs.

The first contract was for furniture samples for the ›Wie wohnen?‹ exhibition in Stuttgart and Karlsruhe in 1949 which focused on the needs of subsidized housing. The pre-war lifestyle had become untenable. There was simply no space for the ungainly furniture of the old days in such small apartments. The exhibition displayed furniture that responded to the change in needs: light, easy to move, space saving, folding, multipurpose funiture.

For the ›Wie wohnen?‹ exhibhition Eiermann designed extremely simple and modest furniture to equip a four-room apartment. And Wilde+Spieth, which was founded as a traditional joiners shop in 1831, suddenly became a manufacturer of designer furniture, marking the beginning of a productive partnership. The designer and the company had found each other at just the right time.

Was soll ein Rollladenbauer darauf bloß antworten? Nach kurzem Nachdenken antwortet er mit »ja« und wagt es, völlig neues Terrain zu betreten, ohne zu wissen, was auf ihn zukommt.

Man schreibt das Jahr 1948: Währungsreform, Wiederaufbau, großer Nachholbedarf nach dem Elend des Krieges und Zeiten von Mangelwirtschaft, Ernährungskrisen und Schwarzmarkt. Wohnraum ist knapp. Neue Produkte und neue Technologien sind gefragt, damit in Serie gefertigt und die steigende Nachfrage gedeckt werden kann. Und es ist Egon Eiermann, einer der bedeutendsten Nachkriegsarchitekten und -designer, der die richtungsweisende Frage stellt. Im selben Jahr beginnt Eiermann gemeinsam mit dem bisherigen Rollladenbauer Wilde+Spieth etwas ganz Neues: die Entwicklung von Serienmöbeln – seine Formholzstühle.

Erster Möbelauftrag: Mustermöbel für die Ausstellung ›Wie wohnen?‹, die 1949 in Stuttgart und Karlsruhe gezeigt wird und deren Schwerpunkt der soziale Wohnungsbau ist. Wohnen wie vor dem Krieg ist nicht mehr möglich. In den kleinen Wohnungen gibt es für die früheren großen und unveränderlichen Möbel keinen Platz mehr. In Musterwohnungen werden Möbel, die den neuen Bedürfnissen entsprechen, gezeigt – leicht, beweglich, raumsparend, zusammenklappbar, Mehrzweckmöbel.

Eiermann entwirft für ›Wie wohnen?‹ die Einrichtung für eine Vierzimmerwohnung, äußerst einfach und bescheiden. Und aus Wilde+Spieth, dem traditionellen Handwerksbetrieb – 1831 als Schreinerei gegründet – wird ein Designmöbelunternehmen. Es ist der Anfang einer jener produktiven Partnerschaften, bei denen ein Designer und ein Unternehmen im richtigen Moment aufeinander treffen.

In ausgewogenen Proportionen sorgfältig durchdacht und mit sparsamsten Mitteln aus Kiefernholz hergestellt, gibt es Betten mit Bettzeugkästen, Regal, Tisch und Stühle. Die hellen

1 Egon Eiermann, einer der bedeutendsten Nachkriegsarchitekten und -designer.
Egon Eiermann, one of the most important post-war architects and designers.

2 Produktkatalog ›Neue Möbel aus Biegeholz und Stahlrohr‹ mit Eiermanns Entwürfen, 1950er Jahre.
The product catalog with Eiermann's designs from the 1950s.

3 Der Klassiker unter den Mehrzweckstühlen: ›SE 68‹, 1950 entstanden.
The classic multi-purpose chair, the ›SE 68‹ designed in 1950.

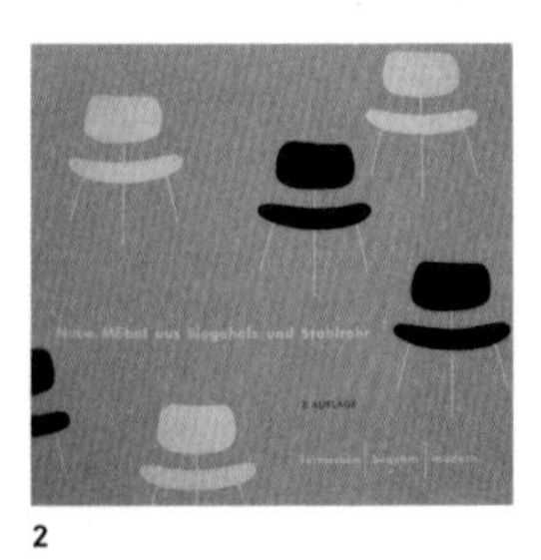

2

3

Beds with storage cabinets, shelves, tables and chairs – all designed in balanced proportions and with a minimum of material out of Scot pine. The light colors of the furniture, white, light grey, light blue, and fire engine red imbued the room with freshness and warmth.

Classic furniture for everyday use

»Economy,« Egon Eiermann once stated, »is a component of aesthetics.« Serial production was a logical consequence. Demanding the best possible performance from all involved, he did not stop until the respective model was »good, beautiful and cheap«. After the first drawings, discussions with manufacturers, patternmakers, mechanics, engineers, and businessmen followed. This resulted in repeated changes, improvements to the production equipment, and experiments that were not finished until a harmony was found between Eiermann's desired form and the limits of the materials. The nine millimeter plywood shells were repeatedly formed until the maximum curvature at which the surface veneer still bonded was reached. And there it is: the unmistakable tension of the form inexplicably coupled with the inviting soft curves of the front edge of the shell.

But this was just the beginning. Egon Eiermann was not satisfied merely with modeling the seat and back rest into an accommodating shell for the human body. No, the contours of the shell had to be crafted with great care to ensure that the proportions of both components were in balance and their lines in harmony with each other. The details were carefully honed until he was confident that »all Wilde+Spieth products manufactured under my name could not have been done any better by anybody else.«

Lackfarben der Möbel wie weiß, hellgrau, hellblau und signalrot geben den Räumen etwas Heiteres und Frisches.

Klassiker für den Alltag

»Die Ökonomie«, sagt Egon Eiermann, »ist Bestandteil der Ästhetik.« Und so beginnt er auch die gemeinsame Serienproduktion. Er fordert von allen Beteiligten höchste Leistungen, bis das jeweilige Modell »gut, schön und billig« ist. Nach den ersten Skizzen folgen Besprechungen mit Hersteller, Modellschreiner, Mechaniker, Konstrukteur und Kaufmann, immer wieder Änderungen, die Produktionsanlagen werden verbessert und Experimente so lange wiederholt, bis zwischen Eiermanns Formvorstellungen und der Grenze der Materialbelastbarkeit das Optimum erreicht wird. Die neun Millimeter starken Sperrholzschalen werden so lange verformt, bis er endlich gefunden ist: der maximale Krümmungsradius, bei dem das Deckfurnier gerade noch nicht reißt. Und da ist sie: die unverwechselbar gespannte und zugleich einladend weiche Form der Vorderkante der Sitzschale.

Aber dem nicht genug: Egon Eiermann gibt sich nicht damit zufrieden, Sitz und Lehne in den Schalenformen, die dem menschlichen Körper entsprechen, zu modellieren. Nein, auch die Konturen der Schalen müssen mit großer Sorgfalt so ausgeschnitten werden, dass die Proportionen der beiden Flächen zueinander ausgewogen und die Linien ihrer Umrisse aufeinander abgestimmt sind. Es wird so lange an den Details gearbeitet, bis er sicher ist, »dass all das, was die Werkstätten von Wilde+Spieth gleichzeitig unter meinem Namen verlässt, Dinge sind, die man nicht besser machen kann.«

Allein bis 1950 entstehen bei Wilde+Spieth sieben verschiedene Eiermann-Serienmodelle. Und bis zu seinem Tod 1970 sind es über 30. Gerade seine Möbel zwischen 1949 und

4

5

4 Eiermann-Stühle finden sich in Kirchen, Vortragssälen und Cafeterien. Der ›SE 18‹ im Kaisersaal, Neue Residenz Bamberg.
Eiermann chairs can be found in churches, lecture halls and cafeterias. The ›SE 18‹ in the Kaisersaal, Neue Residenz Bamberg.

5 Der Klappstuhl ›SE 18‹ von 1952, der zahlreiche Auszeichnungen erhielt.
The ›SE 18‹ folding chair from 1952, winner of numerous design awards.

Seven different Eiermann models were in production at Wilde+Spieth by 1950. By the time of his death in 1970 this had grown to over 30 models. But it is the furniture between 1949 and 1953 that carve out Eiermann's niche as one of the most significant German furniture designers of the 1950s. The chairs constructed from steel-tubing and formed ply are particular hallmarks which, due to their refined simplicity, have long become classics of post-war modernism. In contrast to their pre-war modernist predecessors, which obviously served as an inspiration, Eiermann's chairs became part of the daily life of ordinary people.

There is hardly anyone in Germany who has not sat on an Eiermann chair, either at church, in a lecture hall, a cafeteria or in any number of private households and museums. The classic German multi-purpose chair – the ›SE 68‹ – still occupies a central place in public spaces.

Chairs for musicians

Sales boomed and Wilde+Spieth was soon forced to build a new factory and discontinue production of roller shutters to cope with the extremely high demand.

One product line of special note is the orchestra chair, also designed by Eiermann, which is still in production today. Designed to fit the need of professional musicians for adjustable height and sitting angle, it is equipped with perforations for ventilation and specialized upholstery that is particularly good at keeping its form. These chairs have stood the test of time, whether it be at the Metropolitan Opera in New York, La Scala in Milan, the Stockholm Opera House, the Chicago Symphony Orchestra or at numerous other orchestras around the world.

1953 begründen Eiermanns Bedeutung als einflussreichster deutscher Möbelgestalter der 50er Jahre. Berühmt sind insbesondere die Stühle in Stahlrohr und Sperrholz aus den Anfangsjahren der Zusammenarbeit, die in ihrer Sachlichkeit zu Klassikern der Nachkriegsmoderne werden. Im Gegensatz zu ihren Vorläufern der klassischen Moderne, an die Eiermann anknüpft, finden sie aber auch den Weg in den Alltag der Menschen.

Es gibt wohl kaum jemand, der noch nicht auf einem Eiermann gesessen hat: etwa in einer Kirche, einem Vortragssaal, einer Cafeteria oder in zahlreichen Privathaushalten und Museen. Der Klassiker unter den deutschen Mehrzweckstühlen – der ›SE 68‹ – hat noch heute einen herausragenden Platz im öffentlichen Raum.

Stühle für Musiker

Der Absatz der Eiermann'schen Sitzmöbel steigt derart an, dass schon Anfang der 60er Jahre Wilde+Spieth eine neue Fabrik bauen muss und die Fertigung von Rollläden bald eingestellt wird.

Eine Besonderheit ist die Orchesterstuhlserie, die ebenfalls von Eiermann stammt und bis heute produziert wird. Nach den Bedürfnissen von Berufsmusikern mit Besonderheiten wie Höhen- und Sitzneigeverstellung, Belüftungslöchern und formfesten speziellen Sitzpolstern ausgestattet, haben sie den Praxistest in der Metropolitan Opera New York, in der Mailänder Scala, im Opernhaus Stockholm oder dem Symphonie Orchestra Chicago und in vielen anderen Orchestergräben der Welt längst bestanden.

Bereits in den 50er Jahren nimmt Wilde+Spieth weitere moderne Architekten ins Programm. Dazu gehören Paul Schneider-Esleben, Herta-Maria Witzemann und der frühere Eiermann-Mitarbeiter Herbert Hirche. Damals ist Stuttgart

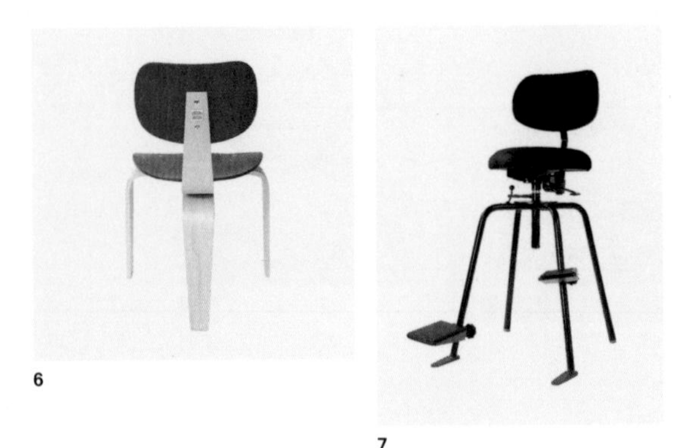

6 Der Biegeholzstuhl ›SE 42‹ von 1949 konnte bereits damals zerlegt im handlichen Karton versandt und selbst montiert werden.
From the beginning, the formed wood ›SE 42‹ from 1949 could be shipped in a handy, knocked-down form and assembled at home.

7 Eine Besonderheit ist Eiermanns Orchesterstuhlserie, die bis heute produziert wird.
A special product is the Eiermann orchestra chair, still in production today.

8 Der ›SE 68‹ von 1950 hat noch immer einen herausragenden Platz im öffentlichen Raum.
The ›SE 68‹ from 1950 still occupies a central place in public spaces.

Wilde+Spieth began inviting other modern architects to contribute to its program early in the 1950s: Paul Schneider-Esleben, Herta-Maria Witzemann and the former co-worker of Eiermann, Herbert Hirche. At the time, Stuttgart was a center of German post-war modernism and Wilde+Spieth played a decisive role.

Many of Eiermann's modern classics are still on the market, including the formed plywood chair, the ›SE 68‹ from 1950, the ›SE 18‹ folding chair and the ›SE 319‹ folding table, both from 1952. Other products were readopted, such as the three-legged chair, ›SE 42‹ from 1949.

In 2004, coinciding with Egon Eiermann's 100th birthday, the Company was reformed as Wilde+Spieth Designmöbel GmbH & Co. KG. Since this date, the company has been managed by Thomas Gerber who is continuing the long tradition of fostering personal contacts with famous architects and ensuring top quality products. No surprise, then, that in 2008 the company is bringing to market a unique, entirely asymmetrical steel-tubed chair designed by Daniel Libeskind and an innovative design from Thore Garbers.

ein Zentrum der bundesdeutschen Nachkriegsmoderne, und dabei spielt Wilde+Spieth eine entscheidende Rolle.

Viele der modernen Eiermann'schen Klassiker sind noch heute auf dem Markt, darunter der Formholzstuhl ›SE 68‹ von 1950, der Klappstuhl ›SE 18‹ und der Klapptisch ›SE 319‹ – beide von 1952. Andere wurden wieder aufgelegt wie zum Beispiel der Dreibeinstuhl ›SE 42‹ von 1949.

2004 – pünktlich zu Egon Eiermanns 100. Geburtstag – wird das Unternehmen nach einer überstandenen Krise als Wilde+Spieth Designmöbel GmbH & Co. KG neu gegründet und seitdem von Thomas Gerber geleitet, der die Tradition fortführt, indem er auf persönliche Beziehungen und Qualität setzt und mit maßgeblichen Architekten zusammen arbeitet. So kommen beispielsweise 2008 ein einzigartiger, völlig asymmetrischer Stahlrohrstuhl von Daniel Libeskind und ein innovativer Stuhl von Thore Garbers auf den Markt.

8

Umschlag / Cover:
Foto / photo 1:
Robert Bosch GmbH,
Geschäftsbereich Power Tools,
Leinfelden-Echterdingen;
Foto / photo 2:
Hans-Georg Esch;
Foto / photo 3:
Daimler AG;
Foto / photo 4:
Duravit AG;
Foto / photo 5:
Walter Fogel
für Festo AG & Co. KG;
Foto / photo 6:
Hansgrohe AG;
Foto / photo 7:
Roger Mandt;
Foto / photo 8:
Walter Knoll AG & Co. KG;
Foto / photo 9:
Steuler Fliesen GmbH
Foto / photo 10:
Andreas Stihl AG & Co. KG;
Foto / photo 11:
Beate Gerber

Bosch
Seite / Page 10–17
Fotos / photos 1–3, 5–8:
Robert Bosch GmbH,
Unternehmenskommunikation/
Historische Kommunikation;
Foto / photo 4:
Robert Bosch
Hausgeräte GmbH München;
Fotos / photos 9–11:
Robert Bosch GmbH,
Geschäftsbereich Power Tools,
Leinfelden-Echterdingen

Burkhardt Leitner constructiv
Seite / Page 18–23
Foto / photo 1:
René Müller;
Foto / photo 2:
Michael Daubner;
Foto / photo 4, 7, 8:
Hans-Georg Esch;
Fotos / photos 3, 6:
Burkhardt Leitner constructiv
GmbH & Co. KG;
Foto / photo 5:
Burkhardt Leitner constructiv
GmbH & Co. KG,
Künstlerin / Artist:
Solange Caillies

Daimler
Seite / Page 24–31
Fotos / photos 1, 3–13:
Daimler AG;
Foto / photo 2:
Holger Hutzenlaub

Duravit
Seite / Page 32–37
Fotos / photos 1–8:
Duravit AG

Festo
Seite / Page 38–43
Fotos / photos 1–7:
Festo AG & Co. KG
Fotos / photos 8–9:
Walter Fogel
für Festo AG & Co. KG

Hansgrohe
Seite / Page 44–49
Fotos / photos 1–5:
Hansgrohe AG Archiv;
Foto / photo 6:
H. Nägele;
Fotos / photos 7, 8:
Hansgrohe AG

Interstuhl
Seite / Page 50–55
Fotos / photos 1–3:
Interstuhl Büromöbel
GmbH & Co. KG;
Foto / photo 4:
Foto Henssler;
Fotos / photos 5, 7:
Engelhardt & Sellin;
Foto / photo 6:
Westdeutscher Rundfunk;
Foto / photo 8:
Roger Mandt

Walter Knoll
Seite / Page 56–61
Fotos / photos 1–8:
Walter Knoll AG & Co. KG

Steuler Fliesen
Seite / Page 62–67
Fotos / photos 1–9:
Steuler Fliesen GmbH

Stihl
Seite / Page 68–73
Fotos / photos 1–5, 8, 9:
Andreas Stihl AG & Co. KG;
Fotos / photos 6, 7:
Stihl® Timbersports® Series

Wilde+Spieth
Seite / Page 74–79
Fotos / photos 1, 2, 4:
Wilde+Spieth Designmöbel
GmbH & Co. KG;
Fotos / photos 3, 5–8:
Beate Gerber